Anselm Grün

Rituale, die gut tun

Anselm Grün

Rituale, die gut tun

Jeden Tag erfüllter leben

Herausgegeben von Rudolf Walter

HERDER

FREIBURG · BASEL · WIEN

Ein einfach-leben-Buch

FSC
www.fsc.org
MIX
Papier | Fördert gute Waldnutzung
FSC® C014496

www.herder.de

Erweiterte und veränderte Neuausgabe des Titels
„Das Buch der Rituale. Jeden Tag erfüllter Leben“
aus der Reihe „einfach leben“.

Umschlag und Innengestaltung:
Sabine Hanel, Gestaltungssaal, Rohrdorf
Umschlagmotive und Illustrationen im Innenteil:
© Bibadash / shutterstock; Hikiray / shutterstock; Sabine Hanel
Herstellung: GGP Media GmbH, Pößneck

Printed in Germany

ISBN: 978-3-451-39336-5

Inhalt

Zum Gebrauch des Buches

Liebe Leserin, lieber Leser, in diesem Buch habe ich viele Rituale gesammelt, die ich in verschiedenen Büchern und, über die Jahre hinweg, auch in meinem monatlichen Brief »einfach leben« beschrieben habe. Manchmal bin ich ausführlicher auch auf Hintergründe und Anlass eingegangen, manchmal aber beschreibe ich nur ein Ritual, das ich konkret für eine bestimmte Situation empfehle. Dass ich in einigen Texten das »Sie«, in anderen das »Du« benutze, das rührt von den verschiedenen Situationen her, in denen ich diese Rituale beschrieben und empfohlen habe. Dass sich manche Rituale ähneln und sich auch Wiederholungen finden, liegt in der Natur der Sache. Es gibt eben Voraussetzungen, die immer gelten. Zum Beispiel, dass man sich bewusst Zeit gönnen sollte oder dass man einen Raum der Stille suchen oder gestalten sollte, wenn man ein Ritual praktiziert.

Sie können und sollen natürlich nicht alle diese vorgeschlagenen Rituale erfüllen. Wer das beabsichtigen wollte, würde sich unnötig unter Leistungsdruck stellen. Es geht mir um ein Angebot: Spüren Sie selbst, welches Ritual Sie gerne ausprobieren möchten und welches Ihnen guttun würde. Trauen Sie Ihrem eigenen Gefühl, spüren Sie selber, welches für Sie passt. Und gönnen Sie sich auch die Freiheit, ein Ritual zu ändern, damit es für Sie stimmig ist und Ihr ganz persönliches Ritual wird.

Die Rituale sind für verschiedene Situationen beschrieben. Da geht es um die Alltagsrituale, um Rituale bei der

Arbeit, um Rituale, die die Beziehung und die Partnerschaft im Blick haben, es geht um Trauerrituale und um Rituale, wie sie im Lauf des Kirchenjahres in der Kirche oder auch im persönlichen Bereich geübt werden.

Wenn Sie die Texte lesen, dann achten Sie darauf, ob sie in Ihnen eine Resonanz erzeugen, ob Sie in sich die Lust spüren, dieses Ritual für sich selbst einmal auszuprobieren. Rituale sind kein Trick, mit dem man alle Probleme lösen kann. Daher dürfen sie auch nicht magisch missverstanden werden. Aber sie sind eine Hilfe, aktiv unser Leben zu gestalten, ihm eine gute Form zu geben, in der wir uns zu Hause fühlen. Und die Rituale geben uns auch Mut, aktiv zu reagieren auf schwierige Situationen in unserem Leben. Heute fühlen sich viele als Opfer, wenn es ihnen in ihrem Beruf oder am Arbeitsplatz schlecht geht, wenn ihre Beziehung in eine Krise gerät, wenn depressive Stimmungen sie überfallen oder wenn sie einen lieben Menschen verlieren. Die Rituale können uns zeigen, dass wir nicht hilflos den äußeren Umständen ausgeliefert sind, sondern dass wir etwas tun können, um unsere Haltung gegenüber dem, was uns von außen widerfährt, zu verwandeln. Indem wir ein Ritual feiern, kommen wir mit uns selbst und mit den heilenden Kräften unserer Seele in Berührung. So können wir anders auf das reagieren, was uns das Schicksal beschert. Rituale reißen uns aus der Passivität heraus. Aber sie befreien uns auch von dem Leistungsdruck, dass wir alles im Griff haben und dass wir immer glücklich sein müssen. Wir müssen uns nicht immer gut fühlen. Aber es ist hilfreich, zu wissen, dass wir reagieren können, wenn es uns einmal nicht gut geht.

Rituale beziehen sich nicht nur auf schwierige Situationen. Sie wollen unseren Alltag und unser Leben im Jahreskreis gestalten und formen. Sie wollen uns hinführen zu einem bewussteren und achtsameren Leben. Sie zeigen uns das Geheimnis jedes Augenblicks und das Geheimnis der Zeit, wie sie sich uns in den Stunden des Tages und in den Jahreszeiten jeweils auf neue Weise darstellt. Rituale lassen uns intensiver leben. Sie geben unserem Leben Struktur, Abwechslung, Bedeutung und Sinn. Und Rituale sind heilsam. Sie können eine heilende Wirkung erzielen, wenn es uns einmal nicht gut geht.

So wünsche ich Ihnen, dass Sie in diesem Buch das eine oder andere Ritual finden, das Sie für sich probieren möchten. Und ich wünsche Ihnen, dass diese Rituale Ihrem Leben eine neue Qualität schenken: die Qualität von Vertrauen und Hoffnung, von Sinnhaftigkeit und Bedeutsamkeit, von Geheimnis und Schönheit, von Liebe und Zärtlichkeit. Und ich wünsche Ihnen, dass Sie in jedem Ritual Gottes heilende und befreiende Nähe spüren und sich selbst nahekommen, zu Ihrer eigenen Mitte finden, aus der heraus Sie Ihr Leben selbst gestalten und formen. Und ich wünsche Ihnen die Erfahrung, die die griechischen Philosophen mit den Ritualen gemacht haben. Sie sagen: Unser Leben ist ein Fest, daher feiern wir es mit Ritualen. Rituale haben nichts mit Leistung und Pflichterfüllung zu tun. Sie wollen uns die Erfahrung vermitteln, dass unser Leben ein Fest ist und dass wir deshalb Lust haben, dieses Fest, das unser Leben ist, mit unseren Ritualen schön zu gestalten.

Einleitung

Seit einigen Jahren ist ein neues Bedürfnis nach Ritualen erwacht. Dabei geht es nicht nur um die religiösen Rituale, die im Gottesdienst gemeinsam gefeiert und die heute oft auch bewusster gestaltet werden. Es geht immer häufiger auch um persönliche, individuelle Rituale, die den Alltag prägen, und auch um Rituale, die das Leben in der Familie, in einem Unternehmen und in der Gesellschaft bestimmen. Sichtbar wird dies bei Großveranstaltungen wie einer Fußballweltmeisterschaft oder bei Olympischen Spielen. Da werden gemeinsame Rituale praktiziert. Das Zuschauen bei einem Wettspiel bekommt dadurch eine eigene Qualität und ist weit mehr als ein bloß passives Dabeisein. Rituale bei Großveranstaltungen in der Musikwelt, in der Popkultur und in der Sportszene drücken das Bedürfnis der Menschen aus, diese Welt zu überschreiten und sie zu öffnen für eine oft unbestimmt erahnte und geglaubte Transzendenz. Es sind Formen einer verdeckten modernen Religiosität.

In den letzten Jahren hat sich auch die Wissenschaft intensiver und unter neuen Aspekten mit dem Thema »Rituale« auseinandergesetzt. Psychologie, Soziologie, Theologie und Religionswissenschaft haben sich mit den Ritualen beschäftigt. Der Soziologe Karl Gabriel beschreibt sie in einer Definition, die alle diese wissenschaftlichen Zugänge umfasst, als »stilisierte, wiederholbare Handlungen an den typischen Übergängen und Brüchen des modernen Alltags«.

Es gibt die persönlichen und ganz individuellen Rituale: an den Übergängen von Tag und Nacht, von Tag zu Tag und von Jahr zu Jahr. Und es gibt die typischen Übergangsrituale, von denen die Religionswissenschaft spricht und die man in allen Kulturen kennt: bei der Geburt und beim Tod eines Menschen, beim Erwachsenwerden, in der Lebensmitte und im Übergang zum Alter.

Ich möchte hier nicht auf die wissenschaftliche Diskussion um die Rituale eingehen. Mir genügen einige Bilder, die das Wesen der Rituale beschreiben. Das Wort Ritus oder Ritual kommt von »arithmos«, das im Griechischen Zahl bedeutet. Ritual ist also das Abgezählte, Strukturgebende. Die indische Wurzel »rtáh« besagt: angemessen, recht. Die Rituale vollziehen also etwas, das dem Menschen und seinem Lebensrhythmus angemessen ist, das recht und richtig für ihn ist. Doch besser als eine Definition zeigen uns Bilder oder einfach die Erfahrung beschreibende Zugänge das Wesen des Rituals:

Rituale öffnen den Himmel über unserem Leben.

Dieses Bild zeigt: Rituale sind mehr als Alltagsgewohnheiten und mehr als bloßes eingespieltes Routineverhalten. Sie haben von ihrem Ursprung her immer eine religiöse Wurzel. Sie wollen den Himmel über unserem Leben öffnen. Sie zeigen, dass sich unser ganzes Leben im Angesicht Gottes vollzieht und dass unsere tiefste Sehnsucht dahin strebt, diese Welt zu übersteigen auf das Geheimnis Gottes hin. Rituale bringen mitten im Alltag den Himmel auf die Erde. Sie vermitteln uns Gottes heilende und liebende Nähe, die für uns Himmel bedeutet.

Rituale schließen eine Tür und sie öffnen eine Tür.

Was in diesem zweiten Bild steckt, gilt für die typischen Übergangsrituale: bei Geburt und Tod, bei Tag und Nacht, bei Arbeit und Freizeit. Wenn die Tür des Tages am Abend nicht geschlossen wird, können wir uns auf die Nacht nicht angemessen einlassen. Der Tag wird die Nacht noch prägen und uns oft genug nicht richtig schlafen lassen, wenn wir ihn nicht bewusst beenden. Wir müssen die Tür zum Vergangenen schließen, damit wir ganz dort sein können, wo wir gerade sind. Nur wenn die Tür zum Alten geschlossen wird, öffnet sich ein Zugang für das Neue, eine Tür für den jetzigen Augenblick. Rituale befähigen uns also, ganz im Augenblick zu sein. Wer nie Türen schließt, der steht immer im Durchzug. Doch das tut seiner Seele und seinem Leib nicht gut. Unser Leben braucht geschlossene Räume, damit es sich entfaltet, damit Begegnung möglich wird und wir uns auf den jeweiligen Augenblick einlassen können.

Rituale drücken Gefühle aus, die sonst nie ausgedrückt werden.

Rituale laden ein, einem anderen Menschen gegenüber etwas zu tun und zu sagen, was wir normalerweise nicht tun. Sie führen uns über die Schwelle zum anderen. Sie überwinden die Hemmschwelle, die wir oft empfinden, wenn wir dem andern etwas sehr Persönliches sagen. Aber bei einem Geburtstagswunsch trauen wir uns, mehr zu sagen, eine solche feste Form »erlaubt« und erleichtert es uns, persönlich zu werden. Rituale ermöglichen und schaffen Nähe. Aber sie geben uns auch die Sicherheit, dass wir nicht mehr sagen müssen, als wir können. Sie laden uns ein, das auszudrücken, was wir gerade fühlen und was wir für den andern empfinden.

Rituale vertiefen Beziehungen.

In den persönlichen Ritualen – etwa bei der Feier des Geburtstags, des Namenstags, eines Jubiläums – geht es um unsere Beziehung zum anderen. Der Feiernde wird gesehen, wahrgenommen. Das, was ihn ausmacht, wird in Worte gefasst. Das vertieft die Beziehung zum anderen. Wenn ein Ritual gelungen ist – etwa eine Geburtstagsfeier –, dann vertiefen sich bestehende Beziehungen und es entstehen neue Beziehungen zwischen den Feiernden. Inzwischen haben auch Unternehmen entdeckt, dass der Wegfall von Ritualen – oft genug aus Rationalisierungsgründen – die Leistung der Mitarbeiter beeinträchtigt. Es zeigt sich: Wenn die menschlichen Beziehungen in einem Unternehmen außer Acht gelassen werden, lässt auch die Leistung nach.

Rituale stiften Identität.

Ich beginne den Tag mit meinem persönlichen Ritual. Ich zelebriere gleichsam meinen Tag und mein Leben. Ich fühle, dass ich selber lebe, anstatt gelebt zu werden. Ich habe Lust, meinem Leben eine bestimmte Form, eine klare Prägung zu geben. Ich empfinde und erfahre mich selbst in den Ritualen. Rituale stiften aber nicht nur die persönliche Identität eines Einzelnen. Wenn sie in dem entsprechenden sozialen Umfeld stattfinden, begründen oder vertiefen sie auch eine Familienidentität oder eine Firmenidentität. Sie geben uns das Gefühl, dass die Form, wie wir miteinander leben, etwas Wichtiges und nicht nur etwas Äußerliches ist. Die Erfahrung dabei ist: Wir nehmen unser Miteinander ernst. Wir schätzen es. Daher drücken wir es in Ritualen aus. Wenn es stimmt, was die antiken Philosophen sagen, dass unser Leben ein beständiges Fest ist, dann haben Rituale eine tiefe Bedeutung. Dann feiern wir in ihnen das Leben selber und kommen so mit den Wurzeln unseres Lebens und unserer persönlichen und gemeinsamen Identität in Berührung.

Rituale schaffen einen heiligen Ort und eine heilige Zeit.

Heilig ist das, was dem profanen Alltag der Welt entzogen ist. Es ist etwas, worüber diese Welt des Alltäglichen mit all ihren Ansprüchen keine Macht hat. Im Verständnis der Griechen vermag nur das Heilige zu heilen. Die heilige Zeit ist eine Zeit, die mir gehört, zu der die Welt keinen Zutritt hat, über die andere Menschen nicht verfügen können. Die heilige Zeit, die ich mir nehme, wenn ich ein Ritual vollziehe, lässt mich frei atmen. Niemand will jetzt etwas von mir. Die Sorgen um andere Menschen sind nicht wichtig. Ich vollziehe dieses Ritual mitten in der Zeit und erlebe in der Zeit eine heilige Zeit, die dem Zugriff der gewöhnlich messbaren und unter dem Verwertbarkeitsaspekt bewerteten Zeit entzogen ist. Der Psychologe Heiko Ernst hat einmal gesagt: Im Ritual »kommt die Welt für eine Zeit lang zur Ruhe und wir in ihr«. Die heilige Zeit ist immer auch eine Zeit der Ruhe, eine Zeit, in der wir teilhaben an der Sabbatruhe Gottes. Die heilige Zeit, die uns das Ritual schenkt, befreit uns von jedem Termindruck. Da herrscht nicht »chronos«, die gemessene und getaktete Zeit, die sich nach dem Chronometer richtet und die mich – nach dem antiken Mythos – verschlingen möchte, sondern »kairos«: angenehme Zeit, geschenkte Zeit, Zeit der Gnade, heilige Zeit, die ich genießen kann. In der heiligen Zeit komme ich mit dem heilen Kern in mir in Berührung. Dort erfahre ich, dass in mir ein heiliger Raum ist, der dem Zugriff der Welt entzogen ist.

Rituale sind Erinnerungszeichen.

Rituale bringen das, was ich vom Kopf her weiß, in mein Herz und in mein Inneres. Sie erinnern mich daran, dass Gott bei mir und in mir ist. Wir brauchen solche Erinnerungszeichen, damit wir uns erinnern, wer wir eigentlich sind: Söhne und Töchter Gottes. Sie rufen uns ins Bewusstsein, dass Gott mit uns geht und uns auf unseren Wegen schützt und segnet. Als Kind war ich immer berührt, wenn mein Vater bei gemeinsamen Spaziergängen den Hut zog, wenn er an einer Kirche vorbeiging. Bei dieser Geste spürte ich, dass noch etwas anderes für meinen Vater wichtig war. Die Kirche erinnerte ihn daran, dass es im Leben letztlich um Gott geht. So können auch uns die vielen Kirchen, an denen wir vorbeifahren, wie Erinnerungszeichen sein, die uns sagen: Öffne deine Augen. Gott umgibt dich. Der Himmel öffnet sich über dir. Auch in Städten erinnert uns noch heute das Läuten der Glocken, dass wir innehalten sollen. Die Glocken wollen uns nicht nur zum Gottesdienst oder zu einem Gebet einladen. Sie erinnern uns auch daran, zu fragen, welchen Klang wir unserem Leben geben möchten. In vielen Dörfern und Städten gibt es noch das Morgen-, Mittag- und Abendläuten der Kirchen. Es erinnert an das alte Gebet, den »Engel des Herrn«, in dem wir die Worte des Engels an Maria meditieren, in dem wir wie Maria uns öffnen für das, was Gott jetzt in diesem Augenblick von uns möchte.

Rituale schaffen Heimat.

Rituale geben auch das Gefühl, daheim zu sein. Ich vollziehe die gleichen Rituale, die meine Eltern und Großeltern vollzogen haben. Das gibt mir ein Gefühl von Heimat. Ich erlebe immer wieder alte Mitbrüder, die in großer Treue die Rituale des klösterlichen Alltags befolgen. Das gibt ihnen das Gefühl, eingebunden zu sein in das Ganze der Gemeinschaft und ihrer Tradition. Für alte alleinstehende Menschen sind Rituale ein Weg, mit sich und ihrem Leben zurechtzukommen und sich daheim zu fühlen. Heimat ist hier nicht gemeint im Sinn von sentimentaler Nostalgie, sondern so, wie die deutsche Sprache sie von der Wortwurzel her versteht. Die deutsche Sprache sieht Heimat, Heim und Geheimnis zusammen. Daheim sein kann man nur, wo das Geheimnis wohnt. Wirkliche Heimat ist dort, wo das Geheimnis Gottes mich umgibt. In den Ritualen habe ich das Gefühl, dass ich nicht allein bin. Ich vollziehe die Rituale, um mich zu vergewissern, dass Gott bei mir ist, dass seine zärtliche Liebe mich umgibt.

Rituale geben Anteil an meinen Wurzeln.

Wenn ich die gleichen Rituale feiere, die meine Vorfahren vollzogen haben, dann habe ich im Ritual Anteil an der Lebenskraft und Glaubenskraft der Vorfahren. An den Ritualen haben sich meine Vorfahren festgehalten in Zeiten von Krieg und Krankheit, von Armut und Not. Die

Rituale waren für sie der Weg, mit ihrem Leben trotz aller äußeren Bedrängnis zurechtzukommen und aus der Kraft heraus zu leben, die sie von ihren Vorfahren bekommen haben. Und so haben wir in den Ritualen teil am Glauben unserer Vorfahren, an ihren Wurzeln. Einer der Gründe für die heute immer häufiger auftretende Depression ist die Wurzellosigkeit. Wenn wir in den Ritualen mit unseren Wurzeln in Berührung kommen, ist das heilsam. Es stärkt unseren Lebensbaum. Er wird nicht verdorren, sobald von außen Hitze oder Stürme ihn bedrängen.

Rituale sind die Vergewisserung, dass mein Leben gelingt.

Wir wissen, dass vom Anzünden einer Kerze oder von der morgendlichen Meditation das Gelingen des Lebens nicht abhängt. Und dennoch drücken wir beim Entzünden einer Kerze aus, dass Gottes Licht in meine Dunkelheit leuchtet, dass sein Licht stärker ist als alle Finsternis, dass seine Liebe die Kälte dieser Welt überwindet. Ich drücke mit dem Ritual aus, dass ich unter Gottes Verheißung stehe. Und seine Verheißung ist, dass mein Leben gelingen wird. So hat es Gott dem Jakob auf der Himmelsleiter verheißen: »Ich vollziehe an dir, was ich dir verheißen habe.« Gott wird auch an uns tun, was er uns versprochen hat. Er hat uns Heil und Erlösung in seinem Sohn Jesus Christus verheißen. Das wird uns zuteil. Unser Leben wird vielleicht anders gelingen, als wir uns das vorgestellt haben. Aber es wird gelingen. Indem ich das Ritual vollziehe, drücke ich meinen Glauben an die Zusage Gottes aus, dass mein Leben heil wird und ganz.

Rituale sind der Ort der Begegnung mit mir selbst und mit Gott.

Indem ich etwas tue, das nicht von der Welt benutzt werden kann, das keinen äußeren Nutzen hat, komme ich in Berührung mit mir selbst, mit meinem wahren inneren Kern. Ich komme in meine Mitte. Ich habe im Vollzug des Rituals das Gefühl, bei mir zu sein und in mir zu ruhen. Und die Rituale sind der Ort, an dem ich Gott begegne. Ich vollziehe ja das Ritual, weil ich daran glaube, dass Gott bei mir ist. Das Ritual öffnet mich dem gegenwärtigen Gott gegenüber. Es ermöglicht mir, Gott zu begegnen. Ich höre im Ritual auf, vor mir und vor Gott davonzulaufen. Ich halte inne und erfahre so im Innern Halt. Und ich höre nach innen und vertraue darauf, dass Gott in mir ist und um mich herum, dass er mich umgibt und dass er zu mir sprechen möchte.

1

Vom Morgen bis zur Nacht.

Meinen Tag gestalten

Die Tage zerrinnen uns oft zwischen den Fingern. Sie gehen an uns vorbei, ein Tag nach dem andern. Wir stolpern manchmal einfach nur in den Tag hinein und fallen abends müde ins Bett. Rituale wollen uns bewusst machen, dass jeder Tag einmalig ist, dass wir jeden Tag unter dem Segen Gottes stehen und ihn vor Gott und mit Gottes Segen leben. Rituale strukturieren den Tag. Sie erinnern uns immer wieder daran, dass wir selber leben anstatt gelebt zu werden. Und sie bringen uns in Berührung mit uns selbst. Wir leben den Tag dann aus unserer eigenen Mitte heraus und werden nicht vom Äußeren bestimmt, das auf uns einströmt. Viele haben den Eindruck, dass sie immer nur Erwartungen erfüllen müssen. Doch wer nur Erwartungen erfüllen muss, der fühlt sich bald ausgenutzt und ausgebrannt. Rituale schaffen ein Gegengewicht. Wir gestalten unseren Tag selber. Wir haben Lust, unserem Tag unser persönliches Gepräge zu geben. Und wir erleben durch die Rituale den Rhythmus des Tages. Wer den Rhythmus des Tages und der Nacht bewusst lebt, erfährt: Die Morgenzeit hat eine andere Qualität als die Abendzeit, der Vormittag eine andere als der Nachmittag. Wer durch die Rituale im Rhythmus des Tages lebt, der erlebt die Zeit als geschenkte Zeit. Und er wird nicht so leicht erschöpft und ausgelaugt. Die Zeit frisst ihn nicht auf, sondern sie erneuert ihn. Die Rituale rhythmisieren die Seele. Das tut der Seele und dem Leib gut. Denn der Mensch ist seit seinem Beginn im Mutterleib vom Rhythmus geprägt. Wer diesen inneren Rhythmus durch die Rituale aufgreift, der lebt seinem Wesen gemäß, der lebt gesund.

Träumen nachspüren

Ein gutes Morgenritual ist, sofort nach dem Aufwachen nachzuspüren, ob ich mich noch an Träume erinnern kann. Vielleicht sind es nur ein paar Traumfetzen oder einzelne Bilder, die mir einfallen. Die Träume sagen mir genauer, wie es eigentlich um mich steht. Sie zeigen mir, was mich in der Tiefe meines Herzens beschäftigt. In Bildern decken sie mir meine eigene Wahrheit auf und geben mir zugleich die Schritte an, die ich tun müsste. Oft sind die Träume auch eine frohe Botschaft, die mir zeigt, dass in mir schon mehr Leben und Reife ist, als ich bewusst oft wahrnehme. Vielleicht ist mein Alltag grau. Da zeigen mir die Träume, wie bunt es in mir aussieht, wie viel Phantasie in mir ist. Manche Träume hinterlassen ein Gefühl von Beklemmung und Angst. Das ist dann immer ein Zeichen, dass ich da einmal genauer hinsehen muss, dass da etwas in mir ist, was ich verdrängt habe. Andere Träume geben ein Gefühl von Weite und Freiheit, von Freude und innerer Sicherheit. Das Nachspüren in solche Träume kann dann eine Hilfe sein, den Tag froher und freier zu erleben. Wenn solche frohmachenden Traumbilder in mir nachwirken, dann werde ich den Tag von innen heraus leben und mich nicht von den äußeren Bedingungen bestimmen lassen. Und ich werde alles durch die Brille dieser inneren Bilder sehen und nicht durch die Brille meiner Angst oder meiner Resignation.

Wie fühlt sich der Morgen an?

Nimm dir vor, in diesem Monat wenigstens *einen* Sonnenaufgang bewusst zu erleben. Schau, wie die Sonne am Morgen aufgeht, welche Stimmung am Morgen da ist. Und spüre in dich selbst hinein: Was macht das mit mir, wenn du wahrnimmst, dass die Sonne langsam aufgeht und das Dunkel allmählich vertreibt? Wie fühlt sich der Morgen dann an?

Spüre die Frische des Morgens, rieche den Morgenduft. Nimm den Beginn des Tages bewusst wahr. Genieße das Licht des Tages, öffne das Fenster und genieße die Frische der Luft, die dir entgegenströmt. Und stelle dir vor, dass Gott durch den neuen Tag auch dich erneuert und erfrischt mit einem ungetrübten und reinen Geist.

Die Morgenstunde atmet etwas von der Neuheit Gottes. Danke Gott für die vergangene Nacht, für deine Träume, für die Erholung. Und bitte ihn, dass er dich erfrische mit seinem heiligen Geist und mit seiner göttlichen Liebe. Überlege dir, was der heutige Tag dir bringen mag. Welche Termine hast du? Bitte Gott um seinen Segen, damit alles, was du in die Hand nimmst, heute gesegnet ist. Und frage dich, welcher Wochentag ist und welcher Heiliger heute sein Fest hat. Dann schaue zu Gott auf im Licht dieses Heiligen. Bitte Gott, dass er dich mit dem Geist erfüllt, der es diesem Heiligen ermöglicht hat, sein Leben zu bewältigen und seine Wunden in Perlen zu verwandeln. Und frage dich angesichts dieses Heiligen, welche Spur du heute in diese Welt eingraben möchtest.

Den Tag segnen

Ein schönes Morgenritual ist es, wenn wir mit zum Segen erhobenen Händen den Segen strömen lassen: zu unserer Familie, zu den Kindern, zum Ehepartner, zu den Freunden und Bekannten. Wenn wir am Morgen all diese Menschen segnen, können wir sie voll Vertrauen in den Tag entlassen. Wir brauchen uns nicht mehr um sie zu sorgen. Gottes segnende Hand beschützt und begleitet sie. So können wir sie loslassen und entlasten uns von dem Druck, immer nachsehen oder kontrollieren zu müssen, ob es den Kindern auch gut geht und ob sie auch geschützt sind auf ihren Wegen zur Schule und zur Arbeit. Wir können uns vorstellen, dass wir durch unsere segnenden Hände Gottes Segen und Gottes Liebe zu den Kindern und Freunden fließen lassen, so dass Gottes heilende und liebende Nähe sie gleichsam umgibt und einhüllt.

Wir können diesen Segen auch in die Räume unserer Wohnung fließen lassen. Oft genug sind manche Räume noch voll von negativen Gefühlen, von dem Streit des gestrigen Tages, von der Enttäuschung über unsere Kinder, über misslungene Gespräche und von der Verletzung, die wir dort erfahren haben. Wenn wir bewusst den Segen Gottes in diese Räume schicken, werden wir sie anders betreten. Dann überfällt uns in ihnen nicht mehr die Verletzung. Dann erwartet uns ein gesegneter Raum, in dem wir aufatmen können.

QR-Code

Ganz und gar angenommen

Nimm dein morgendliches Duschen als Reinigungsritual. Stelle dir vor, dass du nicht nur den Schmutz und die Müdigkeit abwäschst, sondern dass deine Seele gereinigt wird. Alles, was dein wahres Selbst verschmutzt – die Bilder, die andere dir überstülpen, die Erwartungen, die andere an dich richten, die bitteren und giftigen Worte, die du hörst, die Unzufriedenheit mancher Menschen in deiner Umgebung –, alles das fließt langsam von dir ab, wenn das Duschwasser deinen Körper reinigt. Halte die verunreinigenden und beschmutzenden Worte in das Wasser und stelle dir vor, dass die Worte sich im Wasser auflösen, dass du im Wasser die Worte hörst, die Jesus bei seinem Hinabtauchen in das Wasser des Jordan gehört hat: »Du bist mein geliebter Sohn, du bist meine geliebte Tochter. An dir habe ich Wohlgefallen.« Umarme dich selbst unter dem Wasserstrahl der Dusche. Wenn du dich ganz und gar annimmst, dann fühlst du dich rein.

Den Himmel öffnen

Beginne den Tag einmal mit der Haltung der Orante. Stelle Dich in Deinem Zimmer mit nach oben ausgestreckten Händen vor Gott und stelle Dir vor: Gott öffnet den Himmel über dem heutigen Tag. Der heutige Tag steht unter Seinem Segen. Denke an die Menschen, die diesen Tag ohne große Hoffnung beginnen, die von Sorgen und Nöten geplagt sind. Stelle Dir vor, dass der Himmel sich auch über ihnen öffnet, dass auch ihr Horizont sich aufhellt. Und spüre in dieser Gebärde die Leichtigkeit und Weite. Gehe mit dieser Weite in den heutigen Tag. Traue Gott zu, dass er Dich heute in die Freiheit und Weite führt. Vertraue darauf, dass der Himmel sich öffnet über einem Gespräch, über einer schwierigen Sitzung, über einem Konflikt, über einer verfahrenen Situation. Wenn der Himmel aufgeht, dann wandelt sich die Enge des Alltags und die Verschlossenheit einer Situation in Weite und Hoffnung. So versuche, in dieser Gebärde die Hoffnung in Dich einzulassen und Dir vorzustellen, dass Gottes Liebe und Gottes Kraft Dich ganz und gar erfüllt und Du in der Kraft des göttlichen Geistes diesen Tag beginnen kannst und auch Weite und Freiheit in das Leben der Menschen bringst, denen Du heute begegnest.

QR-Code

Pausen machen und gestalten

Viele machen keine richtigen Pausen mehr. Sie essen ihr Brot neben der Arbeit und stopfen auch ihre Pausen noch mit allen möglichen Erledigungen zu. Es gibt die großen Pausen, die ich neu gestalten kann, die vormittägliche Vesperzeit, die Mittagspause. Der eine genießt das Essen. Er isst bewusst langsam und schmeckt die Speisen, die er isst. Der andere legt sich für ein paar Minuten still hin auf den Boden oder er setzt sich bequem in den Sessel, um auszuruhen und so alles, was war, bewusst im Atem auszuatmen.

Schaue deinen Arbeitstag an und überlege, ob du mit der Gestaltung deiner Pausen zufrieden bist. Wenn nicht, dann denke darüber nach, was du anders machen kannst. Setze dir eine bestimmte Zeit für die Pause. Und dann spüre, was du brauchst. Ist die Begegnung mit andern Menschen wichtig oder willst du nur für dich allein sein?

Für mich ist die Mittagspause in der Abtei eine gute Hilfe. Da wir Mönche um 4.40 Uhr aufstehen, ist der Tag bis zur Mittagshore um 12.00 Uhr lang. Die Mittagshore ist schon eine Zäsur, die mich dazu einlädt, die Gedanken an die Arbeit loszulassen und mich auf das gemeinsame Psalmensingen einzulassen. Nach der Mittagshore essen wir gemeinsam, aber schweigend zu Mittag. Da kann manches von den Konflikten oder allzu heftigen Emotionen zur Ruhe kommen. Nach dem Essen ist es für mich ein wichtiges Ritual, mich für eine halbe Stunde ins Bett zu legen und zu schlafen. Auch wenn ich nicht immer fest schlafe, so döse ich doch ein wenig weg. Und ich kann dabei all das loslassen und vergessen, was am Vormittag nicht so gut gelaufen ist. Ich beginne den Mittagsschlaf mit dem Jesusgebet. Dabei halte ich die Arme gekreuzt über die Brust. Ich umarme mich selber gleichsam wie ein Kind. Und in diese Haltung von Geborgenheit spreche ich das Jesusgebet hinein: »Herr Jesus Christus, Sohn Gottes, erbarme dich meiner«. In diesem Ritual verwandeln sich die Gefühle, die am Vormittag verletzt worden sind. Ich finde Abstand zur Arbeit. Das tut mir gut.

Allen Stress loslassen

Viele fühlen sich nach einem langen Arbeitstag am Abend gestresst. Sie möchten wieder mit ihrer inneren Quelle in Berührung kommen. Sie möchten spüren, dass die Quelle in ihnen nicht versiegt ist, sondern weiterhin sprudelt.

Für den einen ist die Meditation der Weg, mit seiner Quelle in Berührung zu kommen. Im Ausatmen atme ich den Staub des vergangenen Tages aus, die Sorgen und Probleme, alles, was sich auf meine Seele gelegt hat. Und im Ausatmen gelange ich auf den Grund meiner Seele und stelle mir vor, dass dort die Quelle strömt. Im Einatmen lasse ich dann das frische Quellwasser in den Leib fließen.

Für einen anderen ist ein Spaziergang durch die Natur belebend. In der Natur hat er teil an ihrer Lebenskraft, die schier unerschöpflich zu sein scheint. Er spürt die frische Abendluft und erneuert sich, indem er den immer frischen Geist Gottes, der die Schöpfung durchdringt, in sich einströmen lässt. Und er erfährt in der Natur, dass die Natur nicht bewertet. Er darf einfach *sein*. Die Natur lädt ihn ein, all das Grübeln über die Arbeit und ihre Folgen zu lassen und sich einfach dem Leben zu überlassen, das ihn überall umgibt.

Ein anderer freut sich darauf, im Joggen all die Emotionen, die in der Arbeit hochgekommen sind, seine Sorgen und Ängste, loszulassen, sich gleichsam freizulaufen von dem, was ihn belastet.

Gehen, Wandern und Laufen sind gute Möglichkeiten, frei zu werden von allem, was uns bedrückt. Sören Kierkegaard meinte, er kenne keinen Kummer, von dem er sich nicht freigehen könne.

Joggen hat noch eine andere Funktion. Im Laufen komme ich mit meiner Kraft wieder in Berührung. Auch wenn ich nach dem Joggen müde bin, fühle ich mich nach dem Duschen innerlich wieder erquickt und wie neu geboren. Die Spannung, die der Stress erzeugt hat, ist abgefallen.

Jeder hat seine eigenen Stressrituale. Es kommt darauf an, in sich selbst hineinzuschauen und sich zu fragen, was einem helfen könnte, am Abend den Stress loszulassen. Ich kann mich fragen: Worauf hätte ich Lust? Was täte mir gut? Solche Fragen führen einen auf den besten Weg, um vom Denken an die Arbeit loszukommen.

Gönn dir die Zeit am Abend

Wenn Du müde von der Arbeit nach Hause kommst, suche Dir nicht gleich wieder neue Arbeiten, die Du erledigen musst. Gönne es Dir, Dich eine Viertelstunde aufs Bett zu legen. Stelle Dir den Wecker, damit Du Dich ganz entspannen kannst. Schließe die Augen und genieße die Schwere, die dann entsteht. Du musst weder schlafen noch entspannt sein. Setze Dich mit keiner Methode unter Druck.

Gönne Dir einfach, nur dazuliegen, getragen zu sein, nichts leisten zu müssen. Spüre Deinen Atem, wie er kommt und geht. Wenn Deine Gedanken wegdösen, dann lass sie. Wenn Du einschläfst, dann ist es auch gut. Lass alles zu, was sich für Dich von allein ergibt. Wenn Du Dich hinlegst, sage Dir nur vor: Ich brauche jetzt gar nichts zu tun. Ich lasse mich einfach in Gottes Hände fallen. Ich vertraue darauf, dass diese Zeit mir guttut und dass sich in den Händen Gottes in meiner Seele etwas zu Wort meldet, was ich dann nach dem Aufstehen tun soll, wozu ich dann neue Lust und neuen Schwung habe.

Den Feierabend gestalten

Gestalte deinen Feierabend so, dass du dich auf ihn freuen kannst. Das Wort Feierabend kommt ursprünglich daher, dass der Abend vor einem Feiertag schon zum Fest gehörte. Man bereitete sich an diesem Abend schon auf das Fest vor. Heute benutzen wir dieses Wort für jeden freien Abend. Mit diesem Wort drücken wir aus, dass wir den Abend feiern wollen. Unser deutsches Wort Feiertag kommt ja vom lateinischen »feriae = geschäftsfreie Feiertage, für religiöse Handlungen bestimmte Tage«. Wenn wir vom Feierabend sprechen, dann klingt in diesem Wort noch nach, dass es eine freie Zeit sein soll, eine Zeit, die wir nicht wieder zustopfen mit Aktivitäten. Vielmehr sind Feiertage und Feierabende letztlich immer auf Gott bezogen. Am Feierabend soll ich spüren, dass mein Leben in Gottes Hand ist und nicht von anderen Menschen, auch nicht von den Ansprüchen der Wirtschaft bestimmt wird.

Der Feierabend soll uns über den Alltag erheben und uns in Berührung bringen mit dem Eigentlichen, mit dem Grund unseres Lebens, mit Gott. Daher brauchen wir Rituale, die das Feiern zum Ausdruck bringen. Rituale bringen in die verzweckte Zeit, die vom Profit bestimmt ist, Freiheit und Weite. Die Zeit, in der wir ein Ritual vollziehen, gehört uns. Wir nehmen uns die Zeit vor Gott und genießen die geschenkte Zeit. Rituale drücken aus, dass unser Leben einen Wert hat. Es ist wert, gefeiert zu werden.

Ein Manager erzählte mir, er gehe nach der Arbeit sofort unter die Dusche und ziehe dann bequeme Kleider an. Er hat gleichsam »Feiertagskleider« an, mit denen er den Abend feiern kann, mit denen er das Lockere und Leichte des Abends in der Familie genießen kann.

Ein Feierabendritual könnte auch sein, vor dem Abendessen Gott in einem kurzen Gebet zu danken für das, was heute in der Arbeit gelungen ist und was in der Familie Gutes geschehen ist. Und wir danken für die freie Zeit, die wir jetzt haben. Jeder in der Familie ist frei. Jeder kann seine Zeit gestalten, wie er will. Diese freie Zeit zu genießen, tut der Seele und dem Leib gut.

Aber es ist auch ein Bedürfnis der Familie, die Zeit des Abends gemeinsam zu feiern, indem man sich Zeit lässt für das gemeinsame Mahl. Beim Essen kann man sich gegenseitig erzählen, was der Tag einem gebracht hat. Zum Feierabend gehört auch das gemeinsame Spielen oder Erleben: ein gemeinsamer Spaziergang im Sommer oder gemeinsames Musizieren im Winter. Familien, die gerne miteinander musizieren, erleben den Abend wirklich als Feierabend. Die Musik bringt eine andere Atmosphäre ins Haus. Und wenn die Eltern mit den Kindern spielen, dann erleben sie den Abend wirklich als Feierabend. Das Spielen führt die Familie zusammen und gibt ihr das Gefühl von Leichtigkeit und Freiheit.

Feiern hatte immer das Ziel, einen Raum des Aufatmens zu schaffen, zur Ruhe zu kommen, unsere Gefühle zu klären und so unsere Lebensenergie zu erneuern.

Achtsame Aufmerksamkeit

Jeder Abend kann zu einer guten Gelegenheit werden, sein Leben achtsam anzuschauen. Wir können den Tag nochmals durchgehen und uns überlegen, wo wir Gott begegnet sind, wofür wir Gott danken dürfen. Wir sollen den Tag nochmals bewusst meditieren als einen Tag, den wir mit Gott gelebt haben. In ähnlicher Weise könnten wir den Tag auch danach befragen, wo wir den Augenblick genossen haben. Denn Genießen hat letztlich immer mit Gott zu tun. Die geistliche Tradition versteht das ewige Leben als beständigen Genuss Gottes (frui deo). So setze dich einmal hin und gehe den Tag nochmals durch. Wann warst du ganz gegenwärtig? Welche Augenblicke hast du genossen? Kannst du dich erinnern an das, was du gegessen hast? Hast du es genießen können? Oder wo haben deine Augen etwas bewusst wahrgenommen und bewundert? Wo hast du dich im Hören vergessen können? Und welche Gerüche sind dir in die Nase gestiegen? Wen hast du heute berührt und wie hast du die Menschen berührt, wie hast du dich selbst berührt? Ärgere dich nicht, wenn der Tag ohne Genuss gewesen ist. Sondern versuche jetzt, diesen Augenblick zu genießen. Jetzt bist du da, ganz für dich, ganz vor Gott und in Gott. Du musst jetzt gar nichts leisten. Alles, was an dir tagsüber vorbeigegangen ist, ist jetzt gegenwärtig. Du spürst jetzt den Augenblick und hast alles, was du brauchst. Du hast Gott selbst, der dir den tiefsten Genuss schenkt, den es gibt, den Genuss seiner Liebe.

Was ist meine tiefste Sehnsucht?

Setzen Sie sich am Abend vor eine brennende Kerze und halten Sie beide Hände in die Herzmitte. Dann schließen Sie die Augen und stellen sich die Frage: „Was ist meine tiefste Sehnsucht?" Warten Sie dann einige Augenblicke, ob da eine Antwort in Ihnen hochsteigt oder ob nur eine Ahnung erkennbar wird. Stellen Sie sich immer wieder diese Frage: „Was ist meine tiefste Sehnsucht?"

Die Frage wird Sie in Ihr Inneres hineinführen, auf den Grund Ihrer Seele. Und vielleicht spüren Sie dann: Meine tiefste Sehnsucht ist: Liebe zu sein. Auch wenn sich Ihre Sehnsucht nicht in Worte fassen lässt, werden Sie durch diese Übung mit dem Grund Ihrer Seele in Berührung kommen. Und in dieser Sehnsucht werden Sie sich selbst auf neue Weise spüren. Und in der Sehnsucht werden Sie Gottes Spur in sich selbst spüren können. Setzen Sie sich nicht unter Druck, dass Sie etwas Besonderes spüren müssen. Aber trauen Sie sich zu, mindestens 15 Minuten lang durch das beständige Fragen nach Ihrer Sehnsucht immer tiefer in das eigene Innere vorzudringen.

Unter dem weiten Himmel

Schauen Sie in einer klaren Nacht zum Himmel auf und betrachten die Sterne, wie sie Licht in Ihre Nacht bringen, ein zärtliches, geistiges Licht. Und staunen Sie über die Weite des Kosmos. Sprechen Sie langsam die Verse aus Psalm 8 als Ihr eigenes Gebet: „Schaue ich deinen Himmel, das Werk deiner Finger, Mond und Sterne, die du befestigt hast: Was ist der Mensch, dass du seiner gedenkst, des Menschen Kind, dass du seiner dich annimmst?" Spüren Sie in sich hinein: Wer bin ich angesichts des unendlichen weiten Weltalls, der unzähligen Sterne, die am Himmel strahlen? Versuchen Sie, in sich die Ehrfurcht vor der Schöpfung wachzurufen.

Indem Sie auf die Sterne schauen, geht Ihnen etwas von der Größe Gottes auf. Wie kann das alles entstanden sein? Wer ist Gott, wenn er diese Sterne geschaffen hat, von denen ich nur einen kleinen Bruchteil sehen kann? Sie müssen auf Ihre Fragen keine Antwort bekommen. Aber Sie ahnen vielleicht etwas von der Größe Gottes. Und vielleicht relativieren sich dann auch einige Ihrer persönlichen Probleme, die vorher so drängend schienen. Vielleicht erscheint Ihnen manches nicht mehr so wichtig. Weiten Sie Ihr Herz unter dem weiten Himmel, dass es offen wird für das Geheimnis des unbegreiflichen Gottes.

Ins Bett gehen

Setze dir eine feste Zeit, zu der du ins Bett gehen willst. Manche kommen abends einfach nicht ins Bett. Sie meinen, sie müssten noch dies oder jenes erledigen. Oder aber sie setzen sich vor den Fernseher, weil sie zu müde sind, etwas Sinnvolles zu tun. Aber dann bleiben sie länger sitzen, als ihnen guttut. Am nächsten Tag ärgern sie sich darüber, dass sie wieder so lange vor dem Fernseher Zeit vergeudet haben. Da ist es gut, eine feste Zeit zu haben, zu der du schlafen gehst. Es geht nicht darum, sich in einen Zeitplan einzuzwängen. Es geht darum, durch eine kluge Tagesordnung Freiräume zu schaffen, in denen du die Zeit genießen oder eben das tun kannst, was dir Spaß macht.

Auch wenn ich das Gefühl habe, dass die Zeit mich tagsüber im Griff hat: Das Abendritual gibt mir die Zeit wieder zurück. Wenn ich abends mit der Gebärde der offenen Hände meinen Tag Gott übergebe, bekommt der Tag für mich ein anderes Gepräge. Die Zeit ist mir nicht zwischen den Fingern zerronnen. Ich übergebe diesen begrenzten Zeitraum des vergangenen Tages Gott mit allem, was war, auch mit den unbewusst gelebten Zeitabschnitten, auch mit der verlorenen Zeit. Und dadurch wird es wieder mein Tag. Es war kein verlorener Tag.

Die Tür des vergangenen Tages, die Tür der Arbeit und ihrer Mühen, schließt sich. Und es öffnet sich die Tür der Nacht, in der ich mich in Gottes Hände fallen lassen kann. Durch die Tür der Nacht trete ich dann ein in den Raum des neuen Tages. Ich stolpere nicht von einem Tag in den anderen, sondern ich schließe die Tür der Vergangenheit, um ganz im Raum der Gegenwart zu sein.

Als Abendritual kannst du die Hände vor der Brust kreuzen. Stelle dir vor, dass du die Türe zu deinem Innern schließt und jetzt allein mit Gott bist. Mit den gekreuzten Händen schützt du den Innenraum, in dem Gott in dir wohnt. Dort drinnen, auf dem Grund deiner Seele, strömt eine unerschöpfliche Quelle. Obwohl du tagsüber viel gegeben hast, bist du nicht verausgabt. Die Quelle sprudelt trotzdem weiter, weil sie göttlich ist. Vielleicht fühlst du dich müde, aber nicht erschöpft. Du weißt, dass die Quelle dir auch am nächsten Tag zur Verfügung steht.

Beim Beschließen des Tages kann ich mir vorstellen, es wäre der letzte Tag. Das heißt für mich: Ich beende diesen Tag, als ob es das Ende meines Lebens wäre. Ich lege alles in Gottes gute Hand, diesen Tag, mich selbst, alle Menschen, die mir lieb sind, und mein ganzes Leben. Solcher Beschluss des Tages ermöglicht mir gleichzeitig einen neuen Anfang. Und er gibt mir das Gespür, dass ich immer wieder alles loslassen sollte, um mich in Gottes gute Hände zu ergeben. Die Nacht erinnert mich an den Schlaf des Todes. Und jeden Morgen erfahre ich die Auferstehung zu neuem Leben, das Gott mir ermöglicht.

Die Hände Gott hinhalten

Halten Sie jeden Abend, bevor Sie ins Bett gehen, Ihre Hände in Form einer Schale Gott hin. Die Hände zeigen uns, was wir heute in die Hand genommen haben, was wir geformt, gestaltet, auf den Weg gebracht haben. Mit den Händen haben wir Menschen berührt. Die Hände erinnern mich an die Menschen, denen ich die Hand gegeben habe, und an die Art und Weise, wie ich die Hand gegeben habe. Und die Hände zeigen mir, was Gott mir heute in die Hand gelegt hat, was er mir an Fähigkeiten geschenkt hat. Sie erinnern mich auch an Begegnungen, Einsichten und an Erlebnisse. All das halte ich in meinen Händen Gott hin.

Versuchen Sie folgendes Ritual: Halten Sie Ihre Hände und alles, was darin ist, Gott hin. Verzichten Sie darauf, zu bewerten, was heute geschehen ist. Bewerten Sie nicht das, was Sie getan und gesprochen haben. Schließen Sie auch die Schwierigkeiten des heutigen Tages mit ein. Halten Sie auch Ihre Wunden und Ihre Dunkelheiten Gott hin. Übergeben Sie ihm alles, was Sie in Ihren Händen halten. Spüren Sie nach, was sich dabei für Sie verändert. Wenn Sie ihm alles übergeben, bekommen Sie Abstand zu dem, was Sie belastet. Und vertrauen Sie darauf, dass Gott alles, was Sie heute getan und gesagt haben, auch wenn es nicht optimal war, dennoch zum Segen verwandeln wird. Das entlastet Sie von dem Grübeln: »Hätte ich doch, wäre ich doch …« Es ist so, wie es ist. Sie können den Tag nicht mehr rückgängig machen. Aber Gott vermag ihn in Segen zu verwandeln.

Ihre Hände verweisen Sie auf Gottes gute Hände. In ihnen dürfen Sie sich bergen. Gottes zärtliche Hände tragen Sie. Seine starken Hände schützen sie. Sie umgeben Sie und begleiten Sie. In diese Hände hinein dürfen Sie sich fallen lassen. Lassen Sie sich diese Nacht in diese Hände fallen. Mit allem, was Sie beschäftigt. Mit ihren Sorgen und Ängsten. Mit Ihren Dunkelheiten und mit ihren depressiven Gefühlen.

Indem Sie sich fallen lassen, fällt von Ihnen ab, was Sie belastet.

Bergen Sie sich in Gottes mütterlichen Händen. Gottes Hände tragen Sie. Und wenn Sie möchten, können Sie mit Jesus die Worte sprechen:

»Vater, in deine Hände lege ich meinen Geist.«

Die Tür schließen

Stellen Sie sich aufrecht hin. Kreuzen Sie die Hände über der Brust, so dass die Fingerspitzen die Schultern berühren. Es ist, als ob Sie die Tür schließen und den inneren Raum schützen. Es ist der Raum des Schweigens. Ein heiliger Raum, zu dem die Welt keinen Zutritt hat, auch die Menschen nicht mit ihren Erwartungen und Ansprüchen. Ihre Kinder haben keinen Zutritt, Ihr Ehepartner nicht, und vor allem nicht die Kollegen und Vorgesetzten bei der Arbeit.

Auch die eigenen Sorgen und Ängste, die Selbstentwertungen und Selbstbeschuldigungen können in diesen Raum der Stille nicht vordringen. In diesem heiligen Raum kann Sie niemand verletzen. Auch Sie selbst nicht. Dort sind Sie heil und ganz. Dort haben auch Ihre Schuldgefühle keinen Zutritt. Es ist ein heiliger Raum. Dort, wo das Heilige in Ihnen ist, sind Sie heil. Und Sie fühlen sich geschützt.

In diesen inneren Raum der Stille, in dieses innere Haus hinein können Sie das alte kirchliche Abendgebet sprechen, das schon mehr als 1600 Jahre alt ist. Vielleicht berühren die alten Worte auch Ihr Herz:

»Herr, kehre ein in dieses Haus. Und lass deine heiligen Engel darin wohnen. Sie mögen uns in Frieden behüten. Und dein heiliger Segen sei allezeit über uns und um uns und in uns. Darum bitten wir durch Christus, unsern Herrn. Amen.«

QR-Code

Das Zu-Bett-Bringen

In jungen Familien gehört das Ritual des Zu-Bett-Bringens der Kinder zum wichtigen Bestandteil des Abends. Kinder brauchen Gute-Nacht-Rituale. Kinder haben Angst vor der Nacht. Das immer gleiche Ritual am Abend nimmt ihnen die Angst vor der Dunkelheit. Und das Gute-Nacht-Ritual ist für sie die Vergewisserung, dass die Eltern für sie da sind und für sie Zeit haben, dass sie von ihnen geliebt sind. Kinder brauchen diese Sicherheit, dass die Eltern sie morgens und abends begleiten. Ihnen fehlt etwas, wenn das Abendritual ausfällt.

Manche Eltern erzählen ihren Kindern etwas. Manche Eltern lesen den Kindern Geschichten vor und machen die Erfahrung, dass die Kinder gerade die wörtliche Wiederholung einer immer gleichen Geschichte lieben. Andere beten mit ihnen, entweder in persönlichen Worten, die den Tag nochmals reflektieren, oder aber in einem kindgemäßen Abendgebet, das das Kind mitspricht.

Das Gebet sollte immer auch Berührung vermitteln. Ein gutes Ritual ist es daher auch, wenn der Vater oder die Mutter am Schluss des Gebetes dem Kind die Hand auf den Kopf legt und es für die Nacht segnet. Eine Frau erzählte mir, sie spüre heute noch die schwere und warme Hand ihres Vaters auf ihrem Kopf, die er ihr beim Abendsegen immer aufgelegt hat. Das gibt ihr innere Ruhe, noch heute als Erwachsene.

Bewusst, langsam und geborgen

Unabhängig von der Familie sollten wir selbst darauf achten, wie wir selber zu Bett gehen, ob wir einfach nur müde ins Bett fallen oder diese letzten Augenblicke am Tag bewusst vollziehen.

Zieh Dich also am Abend langsam aus. Es ist ein Ritual des Übergangs.

Du wirst sehen, wie das Ablegen der Kleider zum Symbol für das Ablegen des Tages mit seiner Mühe werden kann.

Lass Dir auch Zeit zum Waschen oder Duschen. Lass dabei all den Schmutz des vergangenen Tages abfließen. Und dann lege Dich bewusst ins Bett.

Lass Dich in Gottes gute Hände fallen. Genieße es, Dich ins Bett zu kuscheln. Erlebe es ganz bewusst, wie geborgen du bist im warmen Bett. Auch das wird zum Symbol dafür, dass Gottes zärtliche Hände dich bergen.

Gute Träume

Rituale können die Tür der Nacht öffnen, in der ich mich in Gottes Hände fallen lassen kann. Für die frühen Mönche war das nächtliche Stillschweigen wichtig. Sie wollten bewusst den Tag hinter sich lassen, um sich für das Geheimnis der Nacht zu bereiten. Die Nacht war für sie die Zeit, in der Gott selbst zu ihnen sprach durch die Träume. In den Träumen zeigt uns Gott, wie es um uns steht. Aber er gibt uns im Traum oft auch Weisung für unser Leben. Er zeigt uns, was sich in unserer Seele tut. Und er macht uns auf etwas aufmerksam, das wir vernachlässigt haben. Die Träume lassen uns die Wirklichkeit mit neuen Augen anschauen. Die Träume zeigen uns die Hintergründigkeit des Seins auf. Denn sie verweisen auf den göttlichen Grund aller Dinge. Unser Glaube geht nicht nur über den Willen. Unser Unbewusstes ist von ihm geprägt.

Der Engel des guten Schlafes möge jede Nacht zu dir kommen, um deinen Schlaf zu behüten. Gott möge auch den Engel des Traumes zu dir senden, damit er dir im Traum Weisung schenkt, wie du dein Leben gestalten sollst. Ich wünsche dir, dass der Engel über dich wacht, wenn du schläfst, und dass er dich jeden Tag erholt und mit innerer Zuversicht aufwachen lässt, damit du im Aufstehen spürst, was das Geheimnis des Lebens ist.

2

Jahrein, jahraus.

Leben im Rhythmus der Natur

Nicht nur der Tag hat seinen Rhythmus, sondern auch das Jahr: Frühling, Sommer, Herbst und Winter erleben wir jeweils anders. Die Jahreszeit wirkt auch in unsere Seele hinein. Die Jahreszeiten sind ein Bild für unser Leben. Der Frühling steht für die Jugend und für alles, was in uns aufblühen möchte. Der Sommer bringt die Blüte zur Vollendung. Da erleben wir unser Leben als Fülle. Der Herbst steht für das Älterwerden. Er lädt uns ein, uns selbst loszulassen. Aber er ist auch die Zeit der Ernte. Und er ist die Zeit der Buntheit. Manchmal vergoldet sich auch unser Leben. Und der Winter steht für das Sterben. Aber er ist auch die Zeit der Ruhe, die Zeit, in der wir mit unseren Wurzeln in Berührung kommen sollen.

Seit jeher haben die Menschen das Jahr mit Ritualen gefeiert. Sie haben den Beginn des Frühlings, des Sommers, des Herbstes, des Winters durch Rituale gestaltet. Sie beziehen sich nicht nur auf die Übergänge des Lebens, wie Geburt, Erwachsenwerden, Sterben, sondern auch auf die Übergänge, die uns jährlich die Jahreszeiten bescheren. Auch sie wollen gemeistert werden, damit die jeweilige Jahreszeit eine fruchtbare Zeit für Leib und Seele wird, damit wir die jeweilige Qualität dieser Jahreszeit in unser Leben einfließen lassen. Viele Menschen haben heute das Bedürfnis neu entdeckt, sich nicht nur vom Terminkalender bestimmen zu lassen, für den jede Zeit gleich getaktet ist. Sie wollen das Geheimnis der Zeit wahrnehmen, wie sie in den Jahreszeiten zum Ausdruck kommt. Sie sehnen sich danach, sich selbst in den verschiedenen Jahreszeiten auf jeweils andere Weise wahrzunehmen, damit sich die Fülle des Lebens in ihnen entfalten kann.

Schneespaziergang

Wenn Schnee gefallen ist, dann mache einmal bewusst einen Spaziergang. Nimm den Schnee wahr, seine Klarheit und Reinheit. Nimm es als Bild für dich selbst, für deine eigene innere Reinheit.

Woran erinnert dich der Geruch des Schnees? Lass alle Erinnerungen in dir wachwerden, die der Schnee bei dir auslöst.

Gehe langsam und ganz bewusst durch den Schnee. Spüre jeden Tritt. Schaue die Spuren an, die deine Schritte in den Schnee graben. Und stelle dir vor: Du gräbst mit deinem Leben eine einmalige Lebensspur in diese Welt. Du hinterlässt Spuren mit deinen Worten, mit deiner Arbeit, mit deiner Ausstrahlung.

Und dann genieße die Ruhe und Stille der Schneelandschaft. Lass dich von ihr beruhigen. Höre auf, dich zu fragen, ob du alles richtig gemacht hast in der letzten Zeit. Nimm den Schnee als Bild für die Gnade Gottes, die alles barmherzig in dir zudeckt. Lass es zugedeckt sein. Und vertraue darauf, dass die Gnade, die zudeckt, auch alles in dir verwandelt.

Neues Leben bricht auf

Das neue Leben im Frühling zieht uns ins Freie. Im Wandern durch die aufblühende Natur nehmen wir den Sieg des Lebens über den Tod auch in der Schöpfung wahr. Das macht uns auch innerlich lebendiger.

Geh ganz langsam durch die Natur. Über eine Wiese oder in einen Wald. Beobachte, wie das Leben wieder aufblüht. Das Leben ist stärker als der Tod. Verstehe, was Du siehst, als Bild für das Geschehen in Deinem Innern. Auferstehung heißt, dass in Dir das Leben stärker ist als der Tod. In den Blumen, die aufblühen, erkennst Du zugleich: Von ihnen her strömt Dir die Liebe Gottes entgegen. Die Liebe ist stärker als der Tod. Was möchten die Blumen Dir sagen? An welche Qualitäten in Dir erinnern sie Dich? Schau mit dem Blick Jesu auf die einzelnen Blumen, auf die Sträucher, auf die Bäume. Jesus sagt vom Weinstock: »Ich bin der wahre Weinstock.« Der Weinstock wird für ihn zum Gleichnis für seine Beziehung zu uns. Versuche in allen Pflanzen, vor allem auch in den Heilkräutern ein Bild für Dich zu sehen. In der Schlüsselblume erkennst Du den Schlüssel zu Dir selbst. In der Königskerze siehst Du Deine eigene königliche Würde. Alles wird zum Gleichnis für Dich selbst und für das Geheimnis der Auferstehung. Wenn Du mit wachen Augen durch die Natur gehst, dann wird Dir das Geheimnis Deines Lebens, wie es durch die Auferstehung Jesu verwandelt worden ist, immer mehr aufgehen.

QR-Code

Schönheit in allem

Suche dir einen schönen Platz aus, auf dem du in aller Ruhe sitzen und die Schönheit der Landschaft betrachten kannst. Schaue einfach das an, das sich dir in diesem Frühling als Anblick bietet. Und erkenne die Schönheit in allem, was du siehst. Und in der Schönheit spüre die Liebe. Schönheit und Liebe gehören zusammen. Nicht nur bei uns Menschen. Sie sind auch in der Natur miteinander verbunden. Schaue aber nicht nur. Sondern höre auch das leise Rauschen des Windes, der die Gräser auf der Wiese sanft streichelt. Höre auf das Zwitschern der Vögel, die dir den Frühling anzeigen. Das Singen der Vögel ist Werben um Liebe. Höre die Liebe heraus aus dem Gesang der Vögel. Spüre die Landschaft mit allen Sinnen. Der Mai hat einen eigenen Geruch. Da duftet alles nach frischem Grün, nach Lebendigkeit und Liebe. Versuche, ganz in deinen Sinnen zu sein. Und gehe dann hinein in deinen Geist. Dein Geist nimmt in all dem, was dir die Sinne anbieten, das Geheimnis Gottes wahr, das Geheimnis des Lebens. Nimm die Natur als Lehrmeisterin, die dir das Geheimnis deines Glaubens erschließt. Dann wirst du nicht nur mit dem Kopf glauben, sondern mit allen Sinnen. Denn deine Sinne lassen dich dort, wo du jetzt bist, mitten in der Natur, leibhaft erleben, was wir an Ostern und Pfingsten feiern.

So bist Du schön

Betrachte die Schönheit einer Blume, die Schönheit der blühenden Wiese, die Schönheit eines Baums mit seiner Blütenpracht. Und ziehe dann den Blick zurück auf dich selber. Und stelle dir vor: All diese Schönheit, die ich in der Natur sehe, die ist auch in mir. Ich bin schön, so wie ich bin. Ich muss nichts vertuschen und verändern. Es kommt nur darauf an, dass alles in mir durchlässig ist für die Liebe, wie ich sie in der Natur wahrnehmen kann. Schließe die Augen und stelle dir vor: Die Liebe strömt aus meinen Augen, die Liebe erfüllt meine Stirn, die Liebe leuchtet aus meinen Wangen. Die Liebe umstrahlt meinen Mund. Und dann sage dir ganz langsam die Worte vor: »Ich bin die Herrlichkeit Gottes.« In mir, so wie ich bin, leuchtet Gottes Glanz, Gottes Schönheit auf. Seine Schönheit leuchtet auch durch mein alt gewordenes Gesicht voller Falten hindurch. Seine Liebe strömt durch meine abgearbeiteten Hände hindurch zu den Menschen, zu den Tieren, zu den Pflanzen. Wenn du so ganz und gar durchlässig bist für Gottes Liebe und Schönheit, dann bist du ganz eins mit dir, dann wirst du erfahren: Du bist einfach da, im Einklang mit dir. Dann bist du schön.

Berühre das Leben

Stelle dich an einem schönen Frühlingstag in die Natur. Schließe die Augen. Öffne die Hände zur Schale und versuche, ganz im Augenblick zu sein. In deinen Händen öffnest du deinen ganzen Leib und hältst dich der Sonne und dem Wind hin und begegnest in den Elementen der Natur Gott selbst, der dich in der Sonne und im Wind berührt. Spüre die Sonne, die auf dich scheint. In ihren Strahlen dringt Gottes Liebe in dich ein. Sie wärmt dich, sie erfüllt deinen ganzen Leib mit Liebe. Spüre den Wind, der dich zärtlich streichelt. Im Wind kannst du die liebevolle Hand Gottes fühlen, die dich sanft berührt, betastet, streichelt. Aber manchmal kannst du im Wind auch die Kraft Gottes spüren, die dich durchweht und alles Verstaubte aus dir heraustreibt. Öffne die Augen und schaue auf das Leben, das um dich herum aufblüht, in den Bäumen, in den Blumen, auf der Wiese, im Feld. Stelle dir vor, dass dieses Leben auch in dir ist. Nimm dieses Leben in dir und um dich herum mit allen Sinnen einfach nur wahr.

Wenn du für ein paar Sekunden ganz gegenwärtig bist, ohne Gedanken und Überlegungen, sondern einfach nur im Sein, dann weißt du, was Leben ist. Dann berührst du das Leben. Dann ist das Leben, das stärker ist als der Tod, in dir.

Einfach nur da sein

Setze dich auf eine Bank in einer schönen Umgebung und versuche, einfach nur da zu sein. Du musst jetzt gar nichts tun. Du musst auch nichts denken, keine Probleme lösen, keine Kraft auftanken, dich auch nicht erholen. Vielmehr gönne dir einfach einmal, nur da zu sein, das reine Sein zu spüren. Natürlich werden in dir trotzdem Gedanken auftauchen. Lass die Gedanken ruhig in dir hochkommen, aber lass sie auch wieder weiterziehen. Und versuche, ohne inneren Druck, einfach nur da zu sein. Sage dir langsam vor: Ich muss jetzt gar nichts tun. Ich muss nichts vorweisen, mich nicht rechtfertigen, nicht begründen, warum ich hier bin. Ich bin einfach nur da, so wie die Natur um mich herum einfach nur da ist. Höre auf das Rauschen des Windes. Lass die Sonne in dich eindringen. Und betrachte die Schönheit der Natur, der Gräser, der Blumen, der Bäume. Wenn du einfach nur im Schauen bist, vergisst du, um dich zu kreisen. Dann bist du einfach nur da.

Genieße den Augenblick. Aber sei dir bewusst: Der Augenblick lässt sich nicht festhalten. Lass ihn also wieder los. Nimm dankbar wahr, was du erlebst. Sei einfach nur da. Einfach nur da zu sein, ohne es kommentieren zu müssen, das ist der Gipfel der Kontemplation. Da berührst du das Geheimnis allen Seins, das Geheimnis der Schöpfung, das Geheimnis des Schöpfers und dein eigenes Geheimnis.

Unter der Sonne verbunden

Suche dir einen Platz in der Sonne. Stell dich in die Sonne, aber nur, wenn sie nicht zu heiß auf dich brennt, sondern dich angenehm umstrahlt. Stelle dir vor, dass die Sonnenstrahlen deine Haut wärmen. Stelle dir vor, wie sie langsam durch die Haut hindurchgehen, deinen ganzen Leib durchdringen und ihn mit Licht und Wärme erfüllen. Stelle dir dann vor, dass in den Sonnenstrahlen Gottes Liebe selber in dich eindringt. Schließe die Augen und überlege dir: Wenn das stimmt, dass in diesen Sonnenstrahlen Gottes Liebe selbst in mich eindringt, wenn es wahr ist, dass ich ganz und gar durchdrungen bin von Gottes Liebe, dann muss ich mich nicht mehr anstrengen, zu lieben. Dann *bin* ich einfach Liebe. Und diese Liebe gibt meinem Leben einen neuen Geschmack, einen angenehmen und süßen Geschmack. Und ich bin auf einmal fähig, mich selbst zu lieben und die Liebe zu genießen, die in mir ist. Diese Liebe kann mir niemand nehmen. Und ich kann diese Liebe zu andern strömen lassen, ohne mich dazu drängen zu müssen. Sie fließt von allein in diese Welt hinein und verbindet mich mit der Natur und mit allen Menschen, die mir einfallen.

Unerschöpfliche Lebenskraft

Setzen Sie sich an einem Sommertag ans Meer - oder an einen See oder an einen Fluss. Schauen Sie auf das Wasser, das hin und her wiegt, auf die Wellen, die manchmal heftig und stürmisch, manchmal vielleicht ganz zart zu Ihnen hinströmen. Das Wasser, auf das Sie schauen, hat eine beruhigende Wirkung auf Sie. Sie sitzen und schauen und müssen gar nichts denken. Aber auf einmal fühlen Sie sich innerlich gereinigt. Die Wellen reinigen nicht nur den Strand, sondern die Trübungen Ihrer Seele. Und das Wasser relativiert alle Ihre Probleme, um die Sie gerade kreisen. Der Fluss fließt immer weiter, die Meereswellen hören nicht auf. Sie kommen und gehen. So erkennen Sie im strömenden Wasser das Geheimnis Ihres Lebens. Es strömt aus einer Quelle, die nie versiegt. Und es wird auch nie aufhören. Es wird nur hinübergehen in eine andere Wirklichkeit, in die Wirklichkeit des ewigen Lebens, in dem Sie für immer eins sind mit Gott, der die wahre Quelle allen Lebens ist.

Regen erfrischt

Wenn es regnet, zieh dich gut an und nimm einen Schirm mit. Und dann gehe langsam und bewusst im Regen spazieren. Im Regen gehen hat eine eigene Qualität. Rieche die Natur, wenn es regnet. Die Natur hat einen anderen Geruch, je nachdem, wie und wann es regnet. Der Frühlingsregen fühlt sich anders an als der Sommerregen, und der Herbstregen hat wieder seinen eigenen Geruch. Und dann horche auf das Tröpfeln des Regens. Auch da wirst du den Regen sehr verschieden wahrnehmen: Den Nieselregen spürst du kaum. Du gehst einfach im Regen, ohne dass er dich sehr stört. Dann gibt es den starken Regen, bei dem du vielleicht Zuflucht unter einem Baum suchst. Und dann gibt es das gleichmäßige Tropfen des Regens. Spüre diesem gleichmäßigen Regnen nach. Es beruhigt dich. Und es gibt dir das Gefühl: Du bist mitten in der Natur, mitten im Geschehen von Befruchtetwerden, von Durchtränktwerden. Der Regen erfrischt dich. Er weicht das Dürrgewordene und das Erstarrte in dir auf und verheißt dir neue Lebendigkeit und Fruchtbarkeit. Bleibe manchmal bewusst im Regen stehen und genieße den Regen um dich herum. Und dann stelle dir vor, was Jesus in der Bergpredigt sagt: »Gott lässt seine Sonne aufgehen über Bösen und Guten, und er lässt regnen über Gerechte und Ungerechte.« (Mt 5,45) Der Regen verbindet in dir das Gerechte und Ungerechte. Er verwandelt dich, dass durch alles in dir das Leben und die Liebe Gottes durchströmt.

Geh dich frei

Mache an einem schönen Sommertag eine längere Wanderung durch die Natur. Gehe dich frei. Gehe bewusst durch einen Wald und achte dabei auf deine Schritte. Stelle dir zu Beginn deines Weges vor, wie du all die Fäden loslässt, die dich vom Rücken her halten. Es sind vielleicht alte Gewohnheiten, in denen du befangen bist. Oder es sind Bindungen an Menschen, die dir nicht gut tun. Oder Abhängigkeiten von Situationen oder Menschen. Gehe dich frei. Dann hast du das Gefühl: Ich gehe meinen Weg, aufrecht und in Freiheit. Dann achte auf jeden Schritt. Du betrittst mit jedem Schritt die Erde und löst dich wieder davon. Du bleibst immer in Bewegung. Nimm das als Bild dafür, dass du immer auf dem Weg der Verwandlung bist, dass sich in jedem Augenblick in dir etwas wandelt, dass du auch auf deinem Inneren, auf deinem spirituellen und menschlichen Weg immer weiter gehen musst. Du kannst nicht stehen bleiben. Stillstand würde dich erstarren lassen. Nur der innere Weg – den du auch im Sitzen und im bewussten Stehen gehen kannst – hält dich lebendig. Spüre dieses Verwandeltwerden im Wandern. Wandelnd verwandelst du dich. Das Ziel der Verwandlung ist dein wahres Selbst. Du kannst es gar nicht mehr beschreiben. Aber du ahnst, dass du im Gehen immer mehr hinein wanderst in deine wahre Gestalt.

QR-Code

Ruhe, Schönheit, Frieden

Genieße einen schönen Sommerabend. Setze dich auf eine Bank und betrachte die Natur. Höre auf das Zirpen der Grillen, auf das leise Rauschen des Windes. Und schaue einfach, wie die Sonne langsam untergeht, welche Farben sie an den Himmel zaubert. Genieße die Ruhe des Sommerabends. Und versuche, einfach nur dankbar da zu sein, alles zu vergessen, was dich bedrückt hat, alles, was dich den Tag über belastet hat, versuche, alle Sorgen hinter dir zu lassen und nur im Schauen und Hören zu sein. Dann wird die Schönheit der Natur sich auch in dein Herz eingraben. Und die Ruhe der Natur wird dir Frieden schenken. Du musst gar nichts tun. Du sitzt einfach nur da, schaust, hörst, riechst, nimmst wahr, was um dich herum ist. Dann spürst du, wie viel Friede von der Natur ausgeht. Die Natur ist in sich still. Indem du dich ihr aussetzt, wirst du still werden und zur Ruhe kommen. Du wirst in Einklang kommen mit dir selbst. Du spürst: Nichts, was in der Welt ist, ist mir fremd. Alles, was außen ist, ist auch in mir. Ich lasse es zu. Das schenkt mir inneren Frieden.

Barfuß durch die Tauwiese gehen

Gehe im Sommer frühmorgens barfuß auf eine Wiese. Mache kleine langsame Schritte und spüre bei jedem Schritt die Frische des Morgens, die Lebendigkeit der Wiese, die Feuchtigkeit des Taus. Bleibe immer wieder stehen und betrachte einzelne Tautropfen. Sie sind wie kostbare Perlen, die uns die Natur über Nacht geschenkt hat. Wenn sich im Tautropfen die Sonnenstrahlen brechen, dann stehst du wirklich vor einem Wunder der Natur. Wenn du ein Heilkraut auf der Wiese entdeckst, pflücke es behutsam und rieche daran. Nimm die verschiedenen Pflanzen, Gräser, Blumen, Heilkräuter wahr. Erfreue dich am Reichtum einer sommerlichen Tauwiese.

Dann gehe langsam hindurch, spüre, wie es deinen nackten Füßen guttut, die feuchte Erde zu berühren. Du fühlst dich als ein Teil der Erde. Und du gehst erfrischt und neu belebt wieder zurück.

Einswerden im Schauen

Fahren oder gehen Sie zu Ihrem Lieblingswald, in dem Sie wandern können, ohne Menschen zu begegnen. Dann gehen Sie langsam einen Weg. Versuchen Sie, ganz in Ihren Sinnen zu sein. Schauen Sie, was sich Ihnen zeigt. Werden Sie im Schauen eins mit dem, was Sie schauen. Hören Sie auf die leisen Geräusche im Wald, auf das Rauschen der Blätter, das Singen der Vögel, das Schwirren der Insekten. Und hören Sie auf die Stille, die Sie umgibt. Riechen Sie den Wald. Bleiben Sie immer wieder stehen, wenn das Licht auf so besondere Weise durch die Blätter fällt. Versuchen Sie, ganz im Augenblick zu sein, sich eins zu fühlen mit den Bäumen, mit dem Licht, mit der Luft. Und stellen Sie sich vor: Gott selbst berührt mich in allem, was ich wahrnehme. Bleiben Sie stehen vor einem Baum, der Sie fasziniert. Betrachten Sie seine Wurzeln und sehen Sie darin ein Bild für sich selbst: Auch Sie sind fest verwurzelt. Der Baum ist eine Verheißung, dass auch Sie den Stürmen des Lebens standhalten. Und dann stellen Sie sich hin wie ein Baum: tief verwurzelt in der Erde, in sich selbst ruhend. Doch die Krone geht nach oben, zum Himmel hin. So sind auch Sie ein Mensch der Erde und zugleich ein Mensch des Himmels.

Was in dir werden möchte

Setz dich auf deine Lieblingsbank oder auf deine Lieblingswiese und beobachte die Natur, die im August und Anfang September umschlägt. Es wird Spätsommer. Der Höhepunkt des Sommers ist vorbei. Jetzt nähert sich der Herbst. Was du in der Natur siehst, das beziehe auf dich. In der Lebensmitte wird der Zenit überschritten. Du kannst dich fragen: War das alles, was ich bisher gelebt habe? Was will jetzt kommen? Was kann ich von der Natur lernen, die sich jetzt auf den Herbst bereitet? Geht es auch für mich darum, mich auf den Herbst meines Lebens einzustellen? Was ist der Sinn meines Lebens? Was möchte ich mit meinem Leben ausdrücken? Welche Spur möchte ich eingraben in diese Welt? Was sollte ich loslassen, damit Neues in mir werden kann? Der Spätsommer lädt dich ein, deinem Leben neuen Glanz zu verleihen, einen stillen Glanz, einen zarten Glanz. Lass alles Laute deines Lebens verstummen und öffne dich dem, was in dir werden möchte.

Reiche Seelenbilder

Gehe an einem schönen Oktobertag spazieren und achte genau auf den Geruch, der in der Luft liegt. Der Oktobergeruch hat eine besondere Qualität. Achte auf die Farben der Bäume. Bleibe immer wieder stehen und bewundere die bunten Blätter, wie sie im Wind wehen und wie sie immer wieder auch nach unten fallen. Und achte auf die Stimmung der Landschaft, auf das milde Licht der Oktobersonne, auf die Stille, die die abgeernteten Felder verbreiten. Manchmal kannst du erfahren, was wir meinen, wenn wir vom goldenen Oktober sprechen. Lass von dem Gold, das dir in den von der Sonne angestrahlten Blättern entgegenkommt, etwas in dich eindringen und lass dein Leben vergolden. Auch in dir ist etwas Goldenes gewachsen in deinem Leben. Präge dir diese Bilder ein und komme dadurch in Berührung mit den Bildern deiner Seele. In deiner Seele sind all diese Bilder schon vorhanden: das Bild von Buntheit, von Stille, von Gold. Durch die Natur entdeckst du sie. So entfaltest du den inneren Reichtum Deiner Seele. Lasse dir Zeit, die Bilder in dich einzubilden. Und dann spüre in dich hinein: Was fühlst du? Welche Sehnsüchte steigen in dir auf? Wie ist das innere Gestimmtsein deiner Seele?

Entdecke die Farben der Seele

Betrachte an einem sonnigen Herbstabend das milde Licht, das die Sonne über die Landschaft wirft. Versuche, mit diesem milden Licht auch auf das eigene Leben zu schauen. Entdecke die Fülle des eigenen Herzens, die sich in der Buntheit dieser Jahreszeit widerspiegelt. Die Farben des Herbstes sind warme Farben. Das kommt sowohl vom sanften Licht der Sonne als auch von den milden Farben der Blätter. Milde kommt von »mahlen« und hat mit »weich« zu tun. In unserem Leben können wir nur dann weise werden, wenn wir mit einem milden Blick auf uns selber schauen. Wir kennen das positive Bild vom milden und weisen Alten – einem Menschen, der die Ernte seines Lebens dankbar genießt und gerade als älterer Mensch für andere zu einem Genuss wird. Das Gegenteil ist die Härte sich selbst gegenüber. Wer mit sich hart umgeht, wird dies auch mit anderen Menschen tun. Und oft werden im Herbst ihres Lebens harte Menschen immer noch härter und schwieriger für ihre Umgebung. Lerne von der Milde des herbstlichen Abendlichtes. Wachse in diese Milde hinein. Genieße die wunderbaren Herbstfarben, die das milde Sonnenlicht in der Landschaft aufleuchten lässt. Stelle dir vor, dass all diese wunderbaren Farben auch in deiner Seele sind. Dann kannst du die Ernte deines Lebens voller Dankbarkeit genießen.

Alles, was abfällt, ist gut

Beobachte das Fallen der Blätter und meditiere es. Schaue dem Blatt nach, wie es sich langsam vom Baum löst und dann auf die Erde fällt. Und nimm dieses Bild als Bild für Dich selbst. Welche Blätter sind schon vom Baum Deines Lebens gefallen? Was möchte jetzt von Dir abfallen? Dann betrachte, wie das Blatt auf die Erde fällt. Es fällt sanft, und es schmückt die Erde und wird sie düngen. Alles, was von Dir abfällt, ist gut und wird auch nach dem Fallen gut sein für andere und für Dich selbst und Dein eigenes inneres Wachsen.

Und dann betrachte die Erde, die alles auffängt.

Vielleicht kannst Du Dir die Verse von Rilkes berühmten Herbstgedicht vorsagen:

»Und doch ist Einer, welcher dieses Fallen
Unendlich sanft in seinen Händen hält.«

Die Blätter, die von Dir fallen, werden von Gottes sanften Händen aufgefangen. Die Erde ist ein Bild für den mütterlichen Gott, der auch Dich auffängt und unendlich sanft in seinen Händen hält, jetzt schon, in jedem Augenblick Deines Lebens und dann am Ende, wenn Dein Leben selbst wie ein buntes Blatt für immer in Gottes Hände fällt.

Im Nebel

Suchen Sie sich bewusst einen Tag aus, an dem dichter Nebel alles bedeckt. Lassen Sie sich davon nicht abhalten, gehen Sie im Nebel spazieren und achten Sie darauf, was Sie erfahren. Sie können sich vom Gedicht von Hermann Hesse anregen lassen: „Seltsam, im Nebel zu wandern". Aber trauen Sie den eigenen Gefühlen, die in Ihnen hochkommen. Vielleicht kommen da Erinnerungen aus der Kindheit in Ihnen hoch. Spüren Sie, wie der Nebel Sie einhüllt, wie Sie ihn nicht nur mit den Augen wahrnehmen, sondern mit dem ganzen Leib. Und dann stellen Sie sich vor, dass Gottes Gegenwart Sie einhüllt. Wenn Gottes Gegenwart Sie umgibt, dann werden Sie auf Ihr Inneres hin gesammelt und frei von allen äußeren Einflüssen. Der Nebel engt Ihren Blick ein. Sie können die Landschaft nicht wahrnehmen. Aber so will es Gott: dass er Sie von allen Zerstreuungen befreit, Ihre Aufmerksamkeit ganz auf sich hinlenkt, so dass Sie bei allem, was Sie erleben, sich von seiner heilenden Nähe umgeben wissen.

3

Daheim bei mir.

In die eigene Mitte kommen

Viele Menschen lassen sich von den äußeren Ereignissen ihres Lebens oder von den Erfahrungen, die sie in der Arbeit machen, ständig aus ihrer Mitte werfen. Sie reagieren sofort, wenn jemand sie kritisiert. Sie geraten in Panik, wenn von außen etwas Ungewöhnliches auf sie zukommt. Viele haben den Eindruck, dass sie von der Arbeit und den Konflikten bei der Arbeit innerlich aufgefressen werden. Sie sind nicht in ihrer Mitte. Da ist es eine große Hilfe, auch während der Arbeit immer wieder mit unserer Mitte in Berührung zu kommen. Dann regt mich das, was mir von außen an Stress entgegenkommt, nicht so auf. Ich reagiere nicht sofort auf das laute Reden des andern, auf seinen Zornesausbruch. Ich bleibe bei mir.

Es wäre eine Illusion, zu meinen, wir könnten immer in unserer Mitte sein. Aber wir können uns darin einüben, immer wieder mit unserer Mitte in Berührung zu kommen. Die Rituale sind eine gute Hilfe, die eigene Mitte zu spüren und dann aus der Mitte heraus zu reagieren, anstatt uns vom Verhalten der andern bestimmen zu lassen. Wir lassen uns dann nicht sofort in Hektik treiben und wir werden uns über das oder jenes nicht gleich aufregen. Wir beobachten alles aus unserer Mitte heraus. Und wenn wir doch wieder aus der Mitte fallen, dann kann uns ein Ritual helfen, wieder in die Mitte zu kommen. Sich an die Mitte zu erinnern, die wir im Ritual erfahren haben, das verwandelt schon die Situation. Oder aber wir machen ein kleines Ritual. Wir gehen ganz langsam durch die Gänge, um uns wieder zu spüren. Oder wir legen die Hand auf den Bauch, um die eigene Mitte wieder wahrzunehmen.

Ich bin ich selber

Oft machen wir die Erfahrung, dass wir in Tagen der Stille und des Rückzugs Kraft auftanken und lernen, das Leben neu zu sehen. Dann geht es uns gut. Ich sehe mein Leben anders und habe mehr Hoffnung. Aber sobald ich an meinen Alltag denke, bekomme ich Angst, dass ich wieder in den alten Trott komme und die Wellen über mir zusammenschlagen. In diesen Situationen hilft ein kleines Ritual.

Sie sollten sich nicht zu viel vornehmen. Aber nehmen Sie einfach den Atem wahr, der in ihnen aus- und einatmet. Und lassen Sie im Ausatmen all das los, was Sie gerade in Beschlag genommen hat. Und spüren Sie sich selbst im Atem. Dann kommen Sie wieder zu sich selbst. Erinnern Sie sich dann daran, wie Sie sich gefühlt haben, als Ihnen aufgegangen ist: »Ich bin ich selber.« Sie haben sich frei gefühlt. Sie haben sich innerlich aufgerichtet und gespürt: Wenn ich mich nicht ständig unter Druck setze, die Erwartungen anderer zu erfüllen, sondern ganz aus mir heraus zu leben versuche, dann strömt das Leben einfach.

Sie können sich ganz konkret vornehmen, sich tagsüber immer wieder einmal vorzusagen: »Ich bin ich selber.« Sagen Sie sich diesen Satz, wenn morgens der Wecker schellt. Dann werden Sie nicht von den Terminen bestimmt, die an diesem Tag auf Sie warten. Sie werden innerlich frei aufstehen. Sagen Sie sich diesen Satz, wenn Sie in ein Gespräch mit dem Chef oder in eine Sitzung gehen. In dem Augenblick, in dem Sie sich das Wort vorsagen, fühlen Sie sich frei. Ob Sie diese innere Freiheit während der ganzen Sitzung durchhalten können, ist nicht so wichtig. Zumindest beginnen Sie die Sitzung anders. Und auch der Tag wird anders sein. Und irgendwann wird diese innere Freiheit Ihnen immer mehr in Fleisch und Blut übergehen. Es geht nur darum, es kontinuierlich üben und sich diesen Satz vorsagen: »Ich bin ich selber.«

Die Kunst, allein zu sein

Setze dich allein in dein Zimmer. Schließe die Augen und mache dir bewusst: Ich bin jetzt ganz allein. Mein Telefon ist ausgeschaltet. Niemand erreicht mich im Moment, niemand denkt an mich. Ich bin ganz auf mich allein gestellt. Spüre diesem Gefühl nach. Vielleicht taucht bei dieser Vorstellung in dir Traurigkeit auf. Die Einsamkeit fühlt sich schwer und traurig an. Aber halte dieses Gefühl aus und gehe durch das Gefühl hindurch. Stelle dir vor: Das Gefühl der Einsamkeit ist vor allem in meinem Herzen. Aber ich gehe durch das Herz hindurch in den Grund meiner Seele. Und dort gelange ich nicht nur in den Grund meiner Person, sondern in den Grund von allem, was ist. Dort, auf dem Grund meiner Seele, fühle ich mich mit der ganzen Schöpfung verbunden. Und dort fühle ich mich zutiefst mit den Menschen verbunden, auch wenn ich jetzt mit niemandem rede oder niemandem schreibe. Ich muss den anderen nichts sagen. Im Schweigen bin ich mit ihnen verbunden. Vielleicht machst du in dieser Stille die Erfahrung, die Evagrius Ponticus so beschreibt: »Ein Mönch ist ein Mensch, der sich von allem getrennt hat und sich doch mit allem verbunden fühlt. Ein Mönch weiß sich eins mit allen Menschen, denn immerzu findet er sich in jedem Menschen.«

Aus der Unruhe zum Einklang

Setzen Sie sich in Ihrer Wohnung in Ihre Lieblingsecke, in den Lieblingsstuhl. Versuchen Sie, zuerst sich selbst zu spüren, sich aus der Unruhe in die Ruhe, aus den Gedanken, die um äußere Dinge kreisen, nach innen zu bringen. Spüren Sie sich selbst, dass Sie im Einklang sind mit sich selbst. Und stellen Sie sich vor, dass Sie von Gottes Segen umgeben sind. Betrachten Sie Ihr Zimmer, in dem Sie sitzen. Und stellen Sie sich vor: Dieser Raum ist erfüllt von Gottes heilender Gegenwart. Und lassen Sie Ihr Auge durch den Raum gehen. Schauen Sie die Bilder an, die an der Wand hängen, die Möbel, die Erinnerungsstücke. Und erinnern Sie sich, was Sie in diesem Raum schon alles erlebt haben. Stellen Sie sich vor, dass alles, was Sie hier erlebt haben, vor den liebenden Augen Gottes und unter Seinem Segen war. Der Segen Gottes umgibt Sie jetzt. Gott hält seine schützenden Hände über Sie. Nichts kann Ihnen wirklich schaden. Genießen Sie den Segen, der Ihren Raum erfüllt. Und stellen Sie sich vor, dass Sie unter diesem Segen zur Ruhe kommen, Geborgenheit und Heimat in Ihrem Zimmer finden. Und wenn Sie aus diesem Zimmer hinausgehen in die Welt, dann wird dieser Segen Sie begleiten. Und wenn Sie dann von der Arbeit und von all den äußeren Tätigkeiten wieder nach Hause kommen, können Sie sich immer wieder in diesen gesegneten Raum setzen und sich von Gottes Segen umgeben lassen. Dann wird Ihre Wohnung wirklich zur Heimat, weil das Geheimnis Gottes darin wohnt.

QR-Code

Von Kopf bis Fuß

Setze dich bequem auf einen Sessel. Dann gehe deinen Leib durch vom Kopf bis zu den Füßen. Spüre dich in den Kopf hinein. Wo reagiert dein Kopf auf Überlastung und Druck? Kennst du häufiges Kopfweh oder Migräne? Was will dir das sagen? Welche Antwort gibst du auf dein Kopfweh oder auf die Migräne?

Wie geht es dir mit deinen Augen? Bist du dankbar für deine Augen? Wann geben deine Augen Warnsignale, dass du sie und dich selbst schonen sollst?

Haben deine Ohren schon rebelliert, etwa durch einen Hörsturz oder durch Tinnitus? Was hast du mit deinen Ohren schon gehört: schöne Musik, berührende Worte oder auch kritische Worte?

Gehe weiter hinunter in den Hals. Wann reagiert dein Hals mit Halsschmerzen? Worauf weisen dich deine Halsschmerzen hin? Oder kennst du den engen Hals, den zugeschnürten Hals oder den Kloß, der dir im Hals steckt?

Schaue auf deine Schultern! Bist du da locker oder verkrampft? Wogegen wehrst du dich in deinen Schultern?

Dann gehst du in den Brustraum. Kannst du weit atmen oder schnürt dir etwas den Atem ein?

Wie fühlst du dich in Deinem Herzen? Wann reagiert das Herz mit Schmerzen oder mit Herzklopfen oder Herzflimmern oder mit Herzrhythmusstörungen?

Vom Herzen spüre dich in deinen Rücken hinein! Kennst du Rückenprobleme? Worauf möchten dich deine

Rückenschmerzen hinweisen? Sind es unterdrückte Emotionen?

Dann gehe weiter nach unten in den Verdauungstrakt. Bist du dankbar, dass er seine Arbeit für dich gut verrichtet? Oder hast du Probleme damit? Worauf will er dich hinweisen?

Dann spüre dich in deine Nieren hinein. Was geht dir an die Nieren? Oder achte auf deine Galle. Geht dir manchmal die Galle hoch? Und wie ist es mit deiner Leber? Was ist dir schon über die Leber gelaufen?

Und dann spüre dich in deine Beine hinein, in die Oberschenkel, in die Knie, in die Waden und in die Füße. Bist du dankbar für den Dienst deiner Beine? Oder spürst du, dass die Knie streiken oder dir Beschwerden machen? Tun dir deine Gelenke weh? Kannst du gut stehen oder hast du Probleme beim Stehen?

Gehe deinen Leib durch und sei dankbar für ihn, dass er dir dient. Versuche, dich in ihm wohlzufühlen, ihn auch mit seinen Begrenzungen und Verwundungen anzunehmen. Und halte deinen Leib Gott hin, dass Gottes Geist gerade in die Bereiche strömt, die dir Probleme machen. Und dann stelle dir vor, dass dein Leib, so wie er ist, mit seinen gesunden und kranken Bereichen, Tempel Gottes ist, dass Gottes Geist darin wohnt.

Alles, was du brauchst

Setze dich auf einen bequemen Stuhl oder Sessel. Schließe die Augen und achte auf den Atem, wie er kommt und geht. Beobachte nur den Atem und versuche, ganz im Augenblick zu sein. Das genügt. Du hast alles, was du brauchst. Mache dir keine Vorsätze. Denke nicht über dich nach. Folge nur dem Atem und dem, was er in deinem Leib bewirkt. Du bist offen für das, was Gottes Geist in dir schafft. Bewerte nicht, was in dir geschieht, sondern lass einfach geschehen. Vielleicht ahnst du dann, dass du gegenwärtig bist, weil der gegenwärtige Gott in dir ist und an dir wirkt. Spüre dem Geheimnis nach, wie in jedem Einatmen Neues in dich einströmt.

Der persische Dichter Rumi nennt den Atem einmal »den Liebesduft Gottes«. Stell dir vor, wie die Liebe Gottes in dich einströmt. Im Ausatmen lässt du dann die Liebe in alle Bereiche deines Leibes strömen, bis in den Grund hinab, bis in den Beckenraum hinein. Dann kannst du erspüren, dass dein ganzer Leib von Liebe erfüllt ist. Im Atmen kannst du dich gleichsam von innen her streicheln oder dich von Gott streicheln lassen. Oder aber du stellst dir vor, dass du im Ausatmen alles aus dir herausatmest, was dich beschwert: Ängste, Sorgen, Gedanken, Ärger, deine alten Lebensmuster. Du atmest Altes aus, damit Neues im Einatmen in dich einströmen kann. Das Neue ist der immer neu machende Geist Gottes, der Heilige Geist. Er ist immer auch der heilende Geist. Du kannst dir also vorstellen, wie im Einatmen Gottes heilender

Geist in dich einströmt. Im Ausatmen kannst du dann diesen heilenden Geist Gottes in deine Wunden, in deine Verkrampfungen, in deine schwachen und krankheitsanfälligen Körperbereiche hineinströmen lassen.

Du wirst spüren, dass dir der bewusste Atem guttut. Er ist heilsam für dich.

QR-Code

Ganz bei mir

„Kellion“ nennen die alten Mönche die Zelle, in der sie leben und meditieren. Versuchen Sie einmal die Kellion-Übung, die die Mönche vorschlagen, gerade wenn man am liebsten aus der Haut fahren möchte. Setzen Sie sich in Ihr Zimmer, an Ihren Lieblingsort. Machen Sie gar nichts: Lesen Sie nicht, blättern Sie nicht irgendwo herum. Legen Sie auch das Handy weg. Sitzen Sie einfach nur da und versuchen, sich selbst auszuhalten mit all den Gedanken und Gefühlen, mit dem inneren Chaos, was da in Ihnen vielleicht auftaucht. Bewerten Sie die Gedanken nicht, die jetzt auftauchen. Lassen Sie alle Gedanken und Gefühle zu und denken Sie sich nur dabei: Das bin ich auch. Das gehört auch zu mir. Und dann versuchen Sie, sich vorzustellen, dass Sie vor Gott sitzen. Halten Sie alles, was in Ihnen auftaucht, Gott hin. Und sagen Sie still zu Gott: „Hier bin ich. Und ich bin so, wie meine Gedanken jetzt in meinem Kopf herumschwirren: chaotisch, oberflächlich, durchschnittlich, ängstlich, empfindlich.“ Und stellen Sie sich dann vor: Gott nimmt mich so an, wie ich bin. Und lassen Sie dann Gottes Geist in alles hineinströmen, was da in Ihnen auftaucht. Wenn Gottes Geist alles in Ihnen durchdringt, wenn es seinem Geist nicht vor Ihnen graut, dann dürfen auch Sie Ja sagen zu sich selbst. Dann brauchen Sie nicht mehr vor sich davonzulaufen. Dann können Sie es bei sich aushalten, weil Sie vertrauen: Ich bin nicht allein. Gott, der mich aushält, ist bei mir.

Steh zu dir

Selbstvertrauen hat etwas damit zu tun, dass ich zu mir selber stehen kann. Dieses Zu-mir-selber-Stehen kann ich einüben, wenn ich die innere Haltung durch körperlichen Ausdruck unterstütze. Ich stelle mich also hin wie ein Baum, die Füße etwa in Hüftbreite auseinander. Dann stelle ich mir vor, wie der Atem beim Einatmen von den Fußsohlen bis zur Decke geht und beim Ausatmen von der Decke bis zum Fußboden. Beim Ausatmen wurzele ich mich immer tiefer ein, so wie ein Baum seine Wurzeln in den Boden gräbt. Dann stelle ich mir vor: »Ich stehe zu mir. Ich stehe für mich ein. Ich habe Stehvermögen. Ich kann etwas durchstehen.« Der Leib ist ein Barometer, der uns anzeigt, wie es um uns steht. Oft beobachte ich, wie Menschen, die einen Vortrag zu halten haben, von einem Bein auf das andere tänzeln oder sich am Pult festklammern. Der Leib drückt ihre Unsicherheit aus. Aber der Leib ist auch ein Instrument menschlicher Selbstwerdung. Wir können durch Übungen im Leib innere Haltungen einüben.

Durch ein gutes und gesundes Stehen können wir nicht nur äußerliches Stehvermögen erwerben, sondern auch inneres. Und das ist nichts anderes als Selbstvertrauen, als Selbstwertgefühl. Dabei ist wichtig, dass wir uns nicht aufplustern. Manche werfen sich dann in die Brust. Doch wenn wir richtig stehen, haben wir unsere Mitte nicht im Brustbereich – der steht eher für das eigene Ego, das wir in den Mittelpunkt stellen –, sondern im Unterbauch. Die Japaner sprechen vom Hara, das den Unterbauch bezeichnet. Wer im Hara steht, wer im Unterbauch seine Mitte hat, der ist durchlässig für etwas Größeres, letztlich für Gott. Nur wenn wir uns selbst nicht in den Mittelpunkt stellen, sondern durchlässig sind für Christus, bekommen wir wahres Selbstvertrauen. So ist die körperliche Haltung zugleich eine Einübung, das Ego loszulassen und in die eigene Mitte zu gelangen, in der wir in uns und zugleich in Gott ruhen und durchlässig sind für Jesus Christus.

Nichts wirft mich um

Stelle dich aufrecht hin, die Füße etwa in Hüftbreite auseinander. Dann sage Dir die Sätze vor: »Ich habe einen Standpunkt. Ich stehe etwas durch. Ich stehe für mich ein. Ich stehe zu mir.«

Wie fühlst du dich dabei? Stimmen die Sätze in dieser Haltung?

Dann stelle dich bewusst eng hin und ziehe die Schultern nach oben. In diese Haltung kannst du die gleichen Sätze sagen. Du wirst spüren, dass sie nicht stimmen. Wenn du dich breitbeinig hinstellst, werden dich die Sätze eigenartig berühren. Es ist kein klarer Standpunkt, sondern ein Standpunkt, der verschwimmt. Und das Durchstehen ist zu gewollt.

Dann stelle dich wieder in der mittleren Haltung hin. Stelle dir vor, dass du wie ein Baum deine Wurzeln tief in die Erde eingräbst. Du stehst wie ein Baum, den der Wind hin und her bewegt, aber nicht umwirft. In dieser Haltung kannst du dir Menschen vorstellen, bei denen es dir schwerfällt, du selbst zu bleiben. Wenn sie dich kritisieren, fällst du leicht um. In dieser Haltung erahnst du, was es heißt, auch vor scheinbar mächtigen Menschen zu dir zu stehen und ganz du selbst zu sein. Es ist gar nicht so anstrengend. Du brauchst nur in dir selbst zu stehen. Dann wirft dich kein Sturm und kein Unwetter um.

QR-Code

Spüre deine Energie

Setze dich entspannt in deinen Lieblingsstuhl. Schließe die Augen und horche in deinen Leib hinein: Wo spürst du eine Kraft in dir fließen?

Lege deine beiden Hände zuerst auf die Brust oberhalb des Herzens, dann in den Herzraum, dann auf den Bauch und schließlich auf den Unterbauch.

Spüre, wo in dir am meisten Energie strömt. Es ist jeweils eine andere Art von Energie, die du in deinem Herzen spürst oder im Bauch. Im Herzen ist es eher eine Energie der Liebe, im Bauch eine Energie der Kraft, eine Energie, die grenzenlos zu sein scheint. Du spürst in dieser Energie die Lust, ganz du selbst zu sein, dich nicht den Erwartungen anderer anzupassen. Du bist einfach da – voller Kraft, voller Leidenschaft.

Vielleicht spürst du in dieser Energie auch eine Leidenschaft, etwas anzupacken, etwas zu formen und zu gestalten, in deinem Leben etwas zu verändern oder aber auf andere zuzugehen.

Spüre, wohin dich deine Leidenschaft treibt. Und bitte Gott darum, dass er das, was du leidenschaftlich angehst, mit seinem Segen begleiten möge.

Erfrischt von der Stille

Suche dir einen Platz, an dem es ganz still ist. Vielleicht kennst du im Wald Stellen, zu denen kein Auto- oder Maschinenlärm durchdringt. Wenn du durch den Wald spazieren gehst, dann halte öfter inne, um wahrzunehmen, ob es ganz still ist. Und dann bleibe stehen. Höre auf die Stille. Es wird keine absolute Stille sein. Du hörst das leise Rauschen des Windes oder du hörst Vögel zwitschern. Aber weder das Rauschen des Windes noch das Singen der Vögel stört die Stille. Im Gegenteil, sie machen die Stille gleichsam hörbar. Und dann genieße die Stille, die dich umgibt. Spüre, wie es dir guttut, von Stille umgeben zu sein.

Wenn du still dastehst, spürst du: Du brauchst jetzt gar nichts. Du bist einfach da. Du spürst das reine Sein. Stille heißt: einfach sein, einfach da sein, reine Präsenz, reine Absichtslosigkeit. Und du spürst: Stille ist etwas Reines, Klares. Sie ist nicht getrübt durch menschlichen Lärm, auch nicht durch menschliche Gedanken.

Vielleicht geht dir in dieser Stille das Wort des indischen Weisen Rabindranath Tagore auf: »Der Staub der toten Worte haftet an dir; bade deine Seele im Schweigen!« In der Stille kannst du deine Seele baden. Da fühlst du dich rein, erfrischt. Du spürst den Glanz des Ursprünglichen, Reinen, Klaren, der Schöpfung.

Dann kannst du mit Gott sprechen: »Alles ist sehr gut. Alles ist sehr schön.« Du staunst und schweigst. Du bist einfach da. Da erkennst du den Unterschied zwischen Haben und Sein, von dem Erich Fromm sprichst. Du hast es nicht nötig, etwas zu haben, weder Besitz noch Anerkennung. Du bist einfach. Und dieses Sein ist das höchste, was wir Menschen erfahren dürfen. In diesem reinen Sein sind wir eins mit uns, eins mit Gott und eins mit allem, was ist.

Du bist schön – ganz eins mit dir

Betrachte die Schönheit einer Blume, die Schönheit der blühenden Wiese, die Schönheit eines Baums mit seiner Blütenpracht. Und dann ziehe den Blick zurück auf dich selber. Und stelle dir vor: All diese Schönheit, die ist auch in mir. Ich bin schön, so wie ich bin. Ich muss nichts vertuschen und verändern. Es kommt nur darauf an, dass alles in mir durchlässig ist für die Liebe, wie ich sie in der Natur, in dieser schönen Blume wie in einem Spiegel wahrnehmen kann. Schließe die Augen und stelle dir vor: die Liebe strömt aus meinen Augen, die Liebe erfüllt meine Stirn, die Liebe leuchtet aus meinen Wangen. Die Liebe umstrahlt meinen Mund. Gottes Liebe leuchtet auf in meinem Gesicht, so wie es ist, ohne dass ich es schminken oder schöner machen muss. Seine Liebe strömt durch meine abgearbeiteten Hände hindurch zu den Menschen, zu den Tieren, zu den Pflanzen. Wenn du so ganz und gar durchlässig bist für Gottes Liebe und Schönheit, dann bist du ganz eins mit dir, dann wirst du erfahren: Alle deine kritischen Stimmen über dich und dein Aussehen hören auf. Du bist einfach da, im Einklang mit dir. Dann bist du schön. »Schön« kommt von »schauen«. Wenn du dich liebevoll anschaust, dann bist du schön. Nur wenn du dich hasst, wirst du hässlich. So schaue dich und deinen Leib mit einem Blick der Liebe an. Dann wird alles an dir und in dir schön sein. »Schön« kommt auch von »schonen«. Schone dich, verzichte darauf, dich zu bewerten. Gehe freundlich und behutsam mit dir um.

Lass dich von dieser Liebe durchdringen und in Berührung bringen mit der Liebe, die auf dem Grund deiner Seele in dir ist. Und danke dem Schöpfer dieser Schönheit für die Botschaft, die er dir nicht nur »durch die Blume« gibt, sondern die er in der Blume selbst an dich richtet: Es ist eine Botschaft, der eigenen Schönheit zu trauen, das eigene Geheimnis deines Menschseins zu entdecken. Und es ist ein Impuls, auch die Menschen in deiner Umgebung mit anderen und neuen Augen anzuschauen.

QR-Code

Tief verwurzelt

Gehe in die Natur und suche dir einen starken und schönen Baum aus. Dann stelle dich neben ihn. Stelle dir vor, dass deine Wurzeln tief in die Erde reichen. Und dann denke nach über deine Wurzeln: die Wurzeln in deiner Heimat, in deiner Familie, die Wurzeln deiner Vorfahren, die Wurzeln deines Glaubens. Und stelle dir vor, dass du fest verwurzelt bist. Es können Stürme kommen. Der Baum bewegt sich, er wiegt sich hin und her, aber er fällt nicht um. Er hält stand. Dann spüre den Stamm des Baumes. Er ist ein Bild für deinen Leib. Spüre deine Mitte, in der du ruhst. Und dann schaue auf die Baumkrone. Versuche, ganz aufrecht zu stehen und dir deine Krone vorzustellen, die dich aufrichtet und aufrecht stehen lässt wie einen Baum. Dann versuche, dir vorzustellen, wie der Atem beim Einatmen durch deine Füße in den Leib strömt und durch deinen Kopf bis zum Himmel strömt. Und beim Ausatmen strömt der Atem vom Kopf bis in den Boden. So kannst du dir vorstellen, dass dein Atem in dir Himmel und Erde verbindet. Du bist ein Mensch der Erde, fest verwurzelt wie ein Baum. Aber Du bist zugleich ein Mensch des Himmels, offen für das Geheimnis Gottes über Dir und um Dich herum.

Umarme alles in dir

Viele Menschen verbrauchen ihre Energie damit, dass sie ihre Schattenseiten unterdrücken. Sie wollen nach außen hin nur als stark und souverän erscheinen. Doch das kostet viel Energie. Da ist die Kreuzgebärde ein gutes Ritual: Ich kreuze die Arme über der Brust. Diese einfache Gebärde ist ja eine Gebärde der Umarmung. Jesus sagt im Johannesevangelium: »Wenn ich über die Erde erhöht bin, werde ich alle zu mir ziehen.« (Joh 12,32). Am Kreuz umarmt uns Christus mit all unseren Gegensätzen, mit unseren Schattenseiten.

Oft sind wir hin- und hergerissen zwischen den verschiedenen Polen in uns. Wir wollen gerne nur fromm sein, nur freundlich, nur liebevoll. Aber wir entdecken in uns immer auch das Gegenteil: das Unfromme und Heidnische, das Unfreundliche und Harte, das Aggressive und Unzufriedene. Es hat wenig Sinn, den Gegenpol zu unterdrücken. Nach C. G. Jung gerät das Unterdrückte in den Schatten und wirkt sich von dort negativ auf unsere Seele aus. Es geht darum, die Schattenseiten zu umarmen. Indem ich mich umarme, kann ich mir vorstellen, dass Christus selbst meine Gegensätze in mir umarmt. Das schenkt mir inneren Frieden.

Wenn ich am Abend die Gebärde der über der Brust gekreuzten Arme übe, dann stelle ich mir vor: Ich umarme in mir das Starke und das Schwache, das Gesunde und das Kranke, das Heile und das Zerbrochene, das Erfolgreiche und das Erfolglose, das Gelungene und das Misslungene, das Gelebte und das Ungelebte, das Helle und das Dunkle, das Lebendige und das Erstarrte, die Glut in mir und das Ausgebrannte, die Freude und die Trauer, das Vertrauen und die Angst, den Glauben und den Unglauben, das Bewusste und das Unbewusste. Wenn ich mich so selbst umarme, nehme ich mich an, wie ich bin. Ich spare damit viel Energie ein. Ich bin im Einklang mit mir selbst. Ich schütze mich vor meinen Autoaggressionen, mit denen ich oft gegen mich selber wüte, weil ich meinem eigenen Idealbild nicht entspreche. In dieser Selbstumarmung spüre ich mich. Ich bin ganz bei mir. Ich bin in mir geborgen.

QR-Code

Versöhnt mit meiner Lebensgeschichte

Es ist eine lebenslange Aufgabe, sich mit der eigenen Lebensgeschichte zu versöhnen. Mit dem eigenen Leben versöhnt sein heißt, dass ich dankbar darauf zurückschaue und in den Wunden meine eigenen Stärken entdecke. Die Wunden halten mich lebendig und bringen mich auf den Weg zu Gott sowie zu mir selbst und zu den Menschen. Jeder kann seine eigenen Rituale finden, um sich auszusöhnen mit der eigenen Lebensgeschichte. Der eine vollzieht dieses Ritual bewusst in der Gegenwart anderer. Wenn er Zeugen für sein Ritual hat, dann bekommt das Ritual für ihn etwas Verpflichtendes. Das bedeutet nämlich: Ich habe mich ausgesöhnt mit meiner Geschichte. Jetzt darf ich nicht wieder damit anfangen, andere dafür anzuklagen, dass mein Leben so verlaufen ist. Ein anderer möchte dieses Ritual lieber allein für sich erleben.

Ich lade Dich ein zu einem persönlichen Ritual, ganz allein für Dich:

Setze dich still vor eine Kerze, vor eine Ikone oder in die Bank einer Kirche. Stelle dir vor, dass Gottes heilende und liebende Nähe dich umgibt. Und dann denke vor den wohlwollenden und liebenden Augen Gottes über deine Lebensgeschichte nach. Was fällt dir ein? Wofür bist du dankbar? Welche schmerzlichen Erlebnisse kommen in dir hoch?

Halte die Wunden Gott hin. Stelle dir vor, dass Gottes Liebe in deine Wunden dringt und sie verwandelt. Von

Gottes Liebe berührt hören die Wunden auf zu schmerzen. Sie dürfen sein. Sie werden zu Perlen, die dich schmücken.

Dann bitte um den Geist der Versöhnung, damit du Ja sagen kannst zu dir, so wie du durch deine Lebensgeschichte geworden bist.

Du kannst die Versöhnung mit deiner Lebensgeschichte auch handfester gestalten. Sammle in der Natur Dinge, die dir in die Augen fallen als Symbole für die Verletzungen deiner Lebensgeschichte. Oder schreibe auf einen Zettel alle deine Selbstvorwürfe auf, von denen du nicht loskommst. Dann nimm einen Eimer Blumenerde und begrabe all diese Gegenstände oder die Zettel, die Du beschrieben hast. Es wäre gut, wenn Du einen Zeugen oder eine Zeugin dabei hast, deine Frau, deinen Mann oder einen Freund, eine Freundin.

Nimm all diese Symbole in die Hand und sage laut: »Ich begrabe mit diesem Stein, mit diesem abgeschnittenen Zweig, mit diesem Stück Papier die Verletzung, die Kränkung durch den und den.« Dann säe Blumensamen in die Erde und stelle den Blumentopf in deiner Wohnung oder in deinem Garten auf. Natürlich ist das Ritual keine Garantie, dass die alten Selbstvorwürfe nicht wieder hochkommen oder die Verletzung dich nicht wieder schmerzt. Aber dann sage dir: Ich habe sie begraben. Ich lasse sie begraben sein. Es hat keinen Zweck in der Erde zu wühlen. Sonst können die Blumen nicht wachsen. Ich lasse all das, was mich belastet, als fruchtbaren Boden, auf dem schöne Blumen blühen.

Ich sage Ja zu mir

Wenn ich in mich hineinschaue, erlebe ich Haltungen, Phantasien, Emotionen und Leidenschaften, die ich am liebsten verbergen möchte. Ich brauche dann viel Energie, all das zu unterdrücken, was ich nicht gutheiße in mir. C. G. Jung spricht von Schattenseiten, die jeder Mensch hat. Wir zeigen unsere guten Seiten. Die anderen Seiten verstecken wir. Doch dann geraten sie in den Schatten und werden Dunkelheit in uns verbreiten. Aus dem Schatten heraus melden sie sich oft auf unangenehme Weise zu Wort. Die verdrängte Aggression blitzt durch unsere freundliche Fassade hervor, die unterdrückte Bedürftigkeit meldet sich durch das Überschreiten der Grenzen eines anderen zu Wort. Der Schatten ist ein Bereich, mit dem ich mich versöhnen soll. Der andere Bereich sind die Selbstvorwürfe, Selbstbeschuldigungen und Selbstentwertungen. Sie weisen mich alle auf ein illusionäres Selbstbild hin, von dem ich mich verabschieden soll. Folgendes Ritual könnte eine Hilfe sein, mich mit mir, so wie ich bin, auszusöhnen und Ja zu sagen zu mir selbst.

Setze dich still in deine Meditations- oder Gebetsecke oder an einen Ort, an dem du dich geborgen fühlst. Untersuche deine eigenen Selbstvorwürfe. Was wirfst du dir vor? Welches Bild von dir selbst steht hinter deinen Schuldzuweisungen?

Halte dich, so wie du bist, dein Verhalten, so wie es war, einfach in Gottes vergebende Liebe hinein. Und versuche dir nun selbst zu vergeben. Vielleicht wird dann auch deine Schuld zu einer glücklichen Schuld. Sie stürzt dich vom Thron deiner Selbstgerechtigkeit. Sie lässt dich Mensch unter Menschen werden, barmherzig und milde, versöhnt und Versöhnung ausstrahlend. Du brauchst Gott gar nichts vorzuweisen. Ihm ist es lieber, dass du ihm dein zerbrochenes Herz hinhältst. (Ps 51,19)

Frage dich, welche illusionären Selbstbilder hinter deinen Selbstvorwürfen stecken. Und dann betrauere, dass du so bist, wie du bist, nicht so ideal, wie du dir es erträumst, sondern durchschnittlich, mit Stärken und Schwächen.

Nur wenn du bereit bist, Deine Durchschnittlichkeit zu betrauern, wenn du durch den Schmerz über deine Brüchigkeit hindurchgehst, kannst du dich aussöhnen mit dir selbst. Und du wirst auf einmal das Potenzial entdecken, das in deiner Seele schlummert. Dann kannst du dankbar das leben, was du bist und was dich ausmacht.

Dann schaue deine Schattenseiten an. Du erkennst sie, wenn du deine empfindlichen Reaktionen anschaust. Wo reagierst du empfindlich? Welche unterdrückte Seite in dir meldet sich da zu Wort? Was möchtest du am liebsten vor dir und vor andern verstecken?

Halte es Gott hin und stelle dir vor, dass Gottes Licht all deine Schattenseiten durchdringt und verwandelt in eine Quelle von Lebendigkeit und Kraft.

Suche das fröhliche Kind in dir

Suche in deinen Fotoalben oder in dem Karton mit alten Bildern aus deiner Lebensgeschichte einige Bilder aus, in denen du als Kind fotografiert worden bist. Betrachte ein Bild nach dem andern. Lass es in dich eindringen. Spüre in deinem Herzen, was es in dir auslöst.

Bilde das Bild in dich ein. Und sage dir vor: Das bin ich. Das, was ich sehe, ist in mir. Dann horche in deinen Leib hinein!

Wo findest du die Fröhlichkeit, die das Kind ausstrahlt, in deinem Leib? Ist sie in deinen Augen oder in deinem Herzen oder im Brustbereich? Verweile in deinem Leib! Und nimm dir Zeit, dieses Gefühl, das in dir ist, zu spüren. Wie verändert dieses Gefühl jetzt deine Selbstwahrnehmung? Wie verwandelt sich deine Stimmung?

Dann versuche, dieses kleine Kind in deine Arme zu nehmen und es liebevoll hin und her zu wiegen. Du kannst diesem kleinen Kind Heimat in dir geben.

Es wird dir danken mit der Lebendigkeit und Fröhlichkeit und Ursprünglichkeit, die in ihm ist.

Und dann bitte Gott, dass er dieses Kind in dir stärke und dir Anteil schenkt an der Quelle der Lebendigkeit, die er diesem Kind schon bei seiner Geburt mitgegeben hat.

QR-Code

Erinnerung macht ganz

Setze dich an deinen Lieblingsort. Mach die Augen zu und lasse Erinnerungen aus der Kindheit aufsteigen. Frage dich: Wo habe ich mich als Kind absolut geborgen gefühlt? Was waren meine Lieblingsorte, an die ich mich zurückgezogen habe? Was hat mich als Kind tief berührt? Waren es Gottesdienste? Oder Worte meiner Großeltern oder Erfahrungen, die ich mit meinen Eltern, mit meinen Großeltern, mit meinen Geschwistern gemacht habe? Und dann stelle dir vor: Das, was vergangen ist, ist weiter in dir. Viktor Frankl nennt das Vergangensein „die sicherste Form von Sein überhaupt". Niemand kann dir das Vergangene rauben. Es ist in dir. Meditiere dich in die vergangenen Erfahrungen von Geborgenheit und Berührtsein hinein und stelle dir vor: Diese Geborgenheit ist jetzt in mir. Ich bin jetzt geborgen und getragen, behütet und beschützt. Und stelle dir vor: Das, was mich damals berührt hat, will mich jetzt in Berührung bringen mit meinem Herzen. Dann spüre durch die Erinnerung an die früheren Erlebnisse jetzt dein Herz, wie es sich anfühlt, wenn es ganz und gar berührt ist. Und verweile bei diesem Berührtsein. Dann bist du jetzt ganz und gar gegenwärtig. Die Erinnerung verbindet in dir das Kind, das du gewesen bist, und den Erwachsenen, der du jetzt bist. Sie macht dich ganz.

Getragen und geborgen

Damit Sie erahnen, was Glauben bedeutet, möchte ich Sie zu folgendem Ritual einladen. Natürlich zeigt es nur *einen* Aspekt des Glaubens, den Sie dadurch erfahren können, aber es geht dabei doch um eine wesentliche Dimension.

Legen Sie sich bequem entweder auf Ihr Bett oder auf den Boden, mit dem Rücken zum Boden. Versuchen Sie, sich zu entspannen, indem Sie Kontakt zum festen Untergrund aufnehmen und alle inneren Spannungen des Körpers zum Boden hin loszulassen. Stellen Sie sich vor, dass Sie nicht nur auf dem Boden liegen, sondern in der Hand Gottes liegen. Sie werden getragen von Seiner guten Hand. Sie brauchen nichts zu leisten und nichts vorzuweisen, müssen sich auch nicht rechtfertigen. Sie dürfen einfach sein, wie Sie sind, sind bedingungslos angenommen, auch mit all den Verspannungen, die immer noch in Ihnen sind. Genießen Sie, einfach sein zu dürfen, sich tragen zu lassen, geborgen zu sein. Und stellen Sie sich vor: Aus dieser guten Hand können Sie nicht herausfallen, auch nicht, wenn etwas schief geht in Ihrem Leben, auch wenn Sie krank werden, auch wenn Sie sterben. Sie sind getragen im Leben und im Tod. Wenn Sie das spüren oder zumindest erahnen, dann erkennen Sie, was Glauben bedeutet: die Erfahrung von Vertrauen, von Getragensein und auch die Erfahrung des Freiseins von allem Druck, sich darstellen und vor anderen beweisen zu müssen.

QR-Code

Versöhnung mit Gott

Wenn unser Leben nicht so verläuft, wie wir uns das erhoffen, machen wir das oft Gott zum Vorwurf: Er hat nicht für uns gesorgt. Er hat uns nicht vor der Krankheit, vor dem Verlust eines lieben Menschen, vor dem Scheitern bewahrt. Und wir haben den Eindruck, dass wir zu kurz gekommen sind, dass Gott andern das Glück in die Wiege gelegt hat, uns aber nicht. Viele rebellieren dann. Sie können nicht mehr beten. Sobald sie in der Kirche die frommen Lieder mitsingen sollen, wehrt sich in ihnen alles. Die Einladung, Gott mit Herzen, Mund und Händen zu danken, »der uns von Mutterleib und Kindesbeinen an unzählig viel zugut bis hierher hat getan«, empfinden sie als Zumutung. Das entspricht nicht ihrer Erfahrung.

Doch solange wir unversöhnt mit Gott sind, solange fällt es uns auch schwer, uns mit uns selbst zu versöhnen.

Folgendes Ritual möchte dir helfen, dich mit Gott auszusöhnen:

Wenn du still in deiner Meditations- oder Gebetsecke sitzt, dann versuche, in dich hineinzuhören: Welche Bilder hast du dir von Gott gemacht? Hat dein Leben dir deine Gottesbilder bestätigt oder infrage gestellt? Was wirfst du Gott vor? Wenn dein Leben deine Gottesbilder zerbricht, was taucht hinter deinen Bildern von Gott auf?

Vielleicht ahnst du, dass Gott ganz anders ist als unsere Bilder, die wir uns von ihm gemacht haben. Versuche, dich mit all deinen Vorwürfen, mit deiner Rebellion in Gott hinein zu ergeben, dich in die unbegreifliche Liebe Gottes hinein fallen zu lassen. Du kannst dazu deine Hände zu einer Schale formen. Du lässt mit dieser Geste deine Bilder von Gott los und hältst deine leeren Hände Gott hin, mit der Bitte, dass der unbekannte und unverständliche Gott deine Hände mit seiner Liebe füllt.

Ein anderes Ritual: Schreibe Gott einen Brief. In ihm kannst du Gott alles vorwerfen, was dir schwerfällt. Aber dann frage in deinem Brief immer wieder Gott, wie er das alles gemeint hat und was seine tiefste Absicht mit dir ist. Führe einen Dialog mit Gott in deinem Brief. Du kannst zwischendrin Gott selbst antworten lassen auf deine Fragen und Vorwürfe. Vielleicht denkst du: Das geht ja gar nicht, denn ich schreibe ja selbst die Antworten Gottes. Natürlich sind es auch deine Gedanken. Aber wenn du dich in Gott hineinspürst, werden dir andere Gedanken in deine Feder fließen. Und du wirst auf einmal Gott besser verstehen. Gott wird dir vertrauter. Du gibst ihm eine Stimme. Mit ihr kannst du dich auseinandersetzen.

Und dann versuche Gott zu schreiben, dass du ihn annimmst als den Herrn des Himmels und der Erde und auch als deinen persönlichen Herrn, dass du bereit bist, dich auf seinen Willen einzulassen, auch wenn du ihn nicht verstehst. Bitte Gott, dass er dir inneren Frieden und Versöhnung schenken möge. Und dann ergib dich in seine Unergründlichkeit hinein, in dem Vertrauen, dass solches Sich-Ergeben dich befreit zu deinem wahren Selbst.

Gönn dir Stille, immer wieder

Setze dich still hin.
Schließe die Augen.
Versuche, ganz bei dir zu sein.

Dann gehe durch alle deine Gefühle hindurch. Wenn du vom Kopf in das Herz und noch tiefer in den Bauch gehst, werden verschiedene Gefühle in dir auftauchen. Da werden Enttäuschung und Bitterkeit hochkommen. Oder Aggressionen gegen diese oder jene Person. Ärger über dein Leben so, wie es jetzt ist. Dann werden deine Gefühle von Liebe hochkommen. Sowohl schöne Gefühle als auch solche, die zeigen, wo du dich in deiner Liebe zu einem Menschen verletzt fühlst.

Vielleicht kommt auch das Gefühl der Leere in dir hoch. Du spürst vielleicht nichts mehr von der Liebe zu dem Menschen, in den du dich einmal verliebt hast. Lass auch diese Leere oder die gleichgültigen Gefühle in dir aufsteigen. Aber geh durch sie hindurch und stelle dir vor, dass unterhalb all dieser Gefühle im Grund deiner Seele eine Quelle von Liebe ist, die nicht versiegt.

Diese Liebe ist mehr als Gefühl. Sie ist eine Qualität des Seins. Sie ist eine Kraft, die Gott in dich hineingelegt hat. Sie schenkt dir inneren Frieden. Mitten in all deinen Enttäuschungen, mitten in all deinen Sehnsüchten nach erfüllter Liebe ist in der Tiefe deiner Seele ein Raum der Stille, der von Liebe geprägt ist.

Gönn dir diese Stille, immer wieder. Wenn du in diesen Raum eintauchst, kommst du in Einklang mit dir selbst. Und du kannst versuchen, die Liebe, die auf dem Grund deiner Seele strömt, in deinen Leib, in dein Herz, in deine Augen, in deine Hände hineinfließen zu lassen. Dann fühlst du dich erfüllt von einer Liebe, die dir niemand nehmen kann.

QR-Code

Bei mir daheim

Lege beide Hände auf die Brustmitte und spüre dort die Sehnsucht nach Liebe. Wenn du die Hände längere Zeit dort hinhältst, wird es in dir warm. In der Sehnsucht nach Liebe – so sagt Antoine de Saint-Exupéry – ist schon Liebe. Spüre die Sehnsucht und zugleich die Liebe, die in dieser Sehnsucht ist. Und sage dir vor: Diese Liebe gehört mir. Sie strömt in mir. Sie kann mir niemand nehmen. Auch keine Enttäuschung kann mir diese Liebe zerstören. Sie hat in sich etwas Unzerstörbares. Genieße diese Liebe, die dich wärmt, und sei dankbar dafür. Sie ist ein Geschenk Gottes an dich. Die Liebe bringt dich in Berührung mit deinem innersten Kern, der sich hell und warm anfühlt, in dem du es bei dir selbst aushalten kannst und bei dir daheim sein darfst. Du kannst bei dir daheim sein, weil in deinem Innersten Gott selbst, das Geheimnis, in dir wohnt. Denn Heimat hat immer mit Geheimnis zu tun. Daheim sein kann man nur dort, wo das Geheimnis wohnt.

QR-Code

Auf dem Weg der Selbstwerdung

Der Weg der Menschwerdung – oder wie C. G. Jung es nennt: der Selbstwerdung, der Individuation – geht über die fünf Schritte: *Annehmen, Loslassen, Einswerden, Verwandelt werden, Neuwerden.* Jeder, der sich auf den Weg zu seinem wahren Selbst macht, wird diese fünf Schritte durchlaufen. Dabei werden sie nicht immer in der gleichen Reihenfolge beschritten. Manchmal ist mehr das Annehmen wichtig, ein andermal das Loslassen oder das Einswerden oder Neuwerden.

Es gibt viele Wege, diese inneren Schritte zu vollziehen. Ein Weg ist die Meditation. Im Atem erfahren wir das Annehmen, Loslassen, Einswerden, Verwandelt werden und Neuwerden. Die Rituale der Kirche laden uns ein, diese fünf Schritte zu gehen. Zudem gibt es den persönlichen Reifungsweg, der über alle Erlebnisse und Erfahrungen immer wieder dazu führt, Ja zu sagen zu dem, was ist, Altes loszulassen, damit es uns nicht mehr auf dem Weg belastet, eins zu werden mit Gott und mit uns selbst, verwandelt zu werden in die ursprüngliche und unverfälschte Gestalt, die Gott sich von uns gemacht hat, und neu zu werden durch den Geist Gottes, der alles neu macht. Ich möchte diese fünf Schritte kurz beschreiben und immer wieder Rituale angeben, die helfen, diese Schritte einzuüben.

Jeder Psychologe und jede geistliche Begleiterin wird uns sagen: Nimm dich an, wie du bist. Erasmus von Rotterdam hat das Glück so definiert: »Der sein zu wollen, der du bist.« Doch die Frage ist: Wie geht das, *sich annehmen*?

Ich schlage folgendes Ritual vor: Setze dich still in Deine Meditationsecke oder in eine Kirche. Lege Deine rechte Hand auf das Herz und stelle Dir vor: Ich nehme mich an. Ich nehme mich in die Hand. Alles an mir darf so sein, wie es ist. Ich bin dankbar, dass Gott mich so geschaffen hat, wie ich bin. Ich kenne in mir zwar die Tendenz, so zu sein wie der oder die, die ich bewundere. Doch jetzt versuche ich einmal, dankbar zu sein für mich und für mein Leben, für meine Begabung und für meine Begrenzung, für meine Fähigkeiten und für meine Schwächen. Ich bin so, wie ich bin. Ich möchte auch noch wachsen. Aber jetzt bin ich so, wie ich bin. Und dafür bin ich dankbar. Dazu sage ich Ja, weil ich weiß: Gott hat zu mir Ja gesagt. Dann stelle dir vor: Gottes heilende Gegenwart hüllt dich ein. In ihr darfst Du sein, wie Du bist. In ihr findest Du Frieden und Erfüllung. Du musst Dich gar nicht annehmen. Du lässt einfach sein, was ist. So kommst Du in Einklang mit Dir selbst, voller Dankbarkeit, dass Gott Dich erwählt hat, ein Auge auf Dich geworfen hat, weil Du für ihn wertvoll bist, weil er Dich als diesen einmaligen und einzigartigen Menschen geschaffen hat.

Annehmen und loslassen gehören zusammen. Sie bilden die ersten beiden Schritte auf dem Weg der Menschwerdung und Selbstwerdung. Nur was ich angenommen habe, kann ich loslassen. Was ich unbedingt loswerden will, das wird mir weiterhin anhaften.

Ein Ritual zum *Loslassen* ist das Ausatmen: Im Ausatmen kann ich mir vorstellen, dass ich alles loslasse, was immer wieder in meinem Geist auftaucht. Ich lasse Verstaubtes und Vergangenes los. Ich lasse die Gedanken los, die in mir hochkommen. Und letztlich lasse ich mich selbst los. Karlfried Graf Dürckheim meinte, der wichtigste Augenblick beim Atmen sei der Augenblick zwischen Ausatmen und Einatmen. In diesem Augenblick kommt es darauf an, alles loszulassen, sich selbst loszulassen, seinen Drang, alles kontrollieren, alles in Griff haben zu wollen, loszulassen. In diesem Augenblick ist weder Ausatmen noch Einatmen. In diesem Augenblick der Stille geht es darum, sich in Gottes Hände fallen zu lassen.

Ein anderes Ritual des Loslassens ist das Gehen oder das Laufen. Im Laufen kann ich mich freilaufen von allem, was mich bindet, was mich abhängig macht, was mir anhaftet. Ich gehe, ich laufe mich frei von allen Bindungen. Ich laufe in die einmalige Gestalt hinein, die Gott mir zugedacht hat.

Ein drittes Ritual des Loslassens kann sein: Ich werfe mit Kraft und Aggression Steine in einen Fluss oder in einen See. Mit jedem Stein werfe ich etwas, was mich bestimmen möchte, in das Wasser. Manchmal braucht es auch die körperliche Kraft, um das loszulassen, was an mir zu kleben scheint, seien es alte Verletzungen, seien es Lebensmuster oder Gedanken und Gefühle, von denen ich einfach nicht freikomme.

Der dritte Schritt der Selbstwerdung ist das *Einswerden*. Auch das kann in der Meditation erfahren werden. Nach dem Loslassen im Ausatmen stelle ich mir vor, dass im Einatmen Gottes Geist in mich einströmt. Ich werde eins mit Gottes Geist und durch Gottes Geist mit mir selbst. Ich werde eins mit meinem Atem und im Atem mit meiner Seele.

Ein Ritual, das uns die Kirche schenkt, um das Einswerden zu erfahren, ist die Kommunion bei der Eucharistiefeier. Da werden wir im Essen des Brotes mit Christus und durch ihn mit Gott eins. Essen ist seit jeher ein Akt der Integration. Ich integriere das Fremde in mich hinein. In der Kommunion integriere ich den Christi Leib und in ihm seine Liebe, die in seiner Hingabe am Kreuz am sichtbarsten aufgeleuchtet ist. Indem Christi Liebe in der Kommunion in mich eindringt und meinen ganzen Leib durchdringt, werde ich eins mit ihm. Da es nun nichts mehr in mir gibt, das nicht von Christi Liebe durchdrungen und berührt ist, kann ich nun auch mit mir selbst eins werden, einverstanden sein mit meinem Leben, mit meinem Leib, mit meinem Gewordensein. Im Einswerden mit Christus werde ich zugleich eins mit allen Menschen und mit der ganzen Schöpfung.

Ein anderes Ritual der Einswerdung: Setze dich allein hin und spüre dein Alleinsein. Peter Schellenbaum sagt: Es ist wunderbar, mit allem eins zu sein, all-eins zu sein. Söhne dich aus mit deinem Alleinsein und erahne darin, was es bedeutet, all-ein, all-eins zu sein.

Ein weiterer Schritt auf dem Weg der Selbstwerdung ist das *Verwandeltwerden*. Die Metamorphose war für die griechische Philosophie und Mythologie ein wichtiges Bild für die Menschwerdung. Der Mensch soll immer mehr verwandelt werden in das einmalige Bild, das Gott sich von jedem gemacht hat. Die Bibel berichtet uns von der Verwandlung Jesu am Berg Tabor. Da wurde sein Antlitz verwandelt und es erstrahlte in hellem Licht. Christus wurde in die Gestalt verwandelt, die er eigentlich von seiner göttlichen Natur her hatte, die aber den Jüngern oft verborgen war.

Das wichtigste Ritual für die Verwandlung ist wieder die Eucharistie. In der Eucharistie halten wir in den Gaben von Brot und Wein unser eigenes Leben Gott hin. Im Brot halten wir unseren Alltag hin mit dem, was uns reibt und aufreibt. Wir halten die Tretmühle unseres Alltags hin und die Zerrissenheit, die in den vielen Körnern zum Ausdruck kommt, aus denen das Brot gebacken ist. Im Kelch halten wir unser Leid und unsere Bitterkeit Gott hin, damit sie durch seine göttliche Liebe verwandelt werden. Und im Kelch mit Wein halten wir unsere Liebe hin, die oft vermischt ist mit aggressiven Gefühlen oder den Gefühlen von Gekränktsein und Verletztsein. Wir vertrauen darauf, dass Gottes Geist in diesen Gaben auch unser Leben verwandelt, dass das ursprüngliche und unverfälschte Bild Gottes in uns sichtbar wird.

Ein persönliches Ritual der Verwandlung könnte sein: Setze dich hin und halte in der Gebärde der Schale dein Leben Gott hin. In deine Hände hat sich das Leben, so wie es war, hineingeritzt. In deinen Händen hältst du deine Wahrheit Gott hin, damit er die Spur in deine Hände eingräbt, die er für dich reserviert hat, damit du deine eigene Lebensspur in diese Welt eingraben kannst.

Der fünfte Schritt auf dem Weg gelingender Menschwerdung ist das *Neuwerden*. Auch das kann im Ritual des Atmens geschehen: Wenn du im Einatmen spürst, dass neuer, unverbrauchter Atem und in ihm Gottes neuschaffender Geist in dich einströmt, dann wird in dir etwas Neues, dann wirst du selbst neu. Gott ist immer ein Gott, der alles neu macht. Durch seinen Geist schafft er dich neu. Du kannst dir vorstellen, dass er alles in dir erfrischt und erneuert.

4

Miteinander leben.

Beziehung pflegen und gestalten

Seit einigen Jahren hat vor allem die Paartherapie die heilende Wirkung der Rituale auf das Zusammenleben von Partnern erforscht. Die Pädagogin Anke Birnbaum meint, dass Rituale die Identifikation mit dem gemeinsamen Leben als Paar und den Zusammenhalt verstärken. Sie schreibt: »Rituale ermöglichen den Partnern eine Zeit lang die Abgrenzung von der Außenwelt und den mit ihr verbundenen Anforderungen. Paare können sich mit ihnen Zeit und Raum für Zweisamkeit schaffen und damit die Voraussetzungen für ungestörte Kommunikation und Aktivitäten.«

Im Ritual drücken die Paare ihre Gefühle aus, etwa im Gute-Nacht-Kuss. In den Ritualen vergewissern sich die Paare auch ihrer gemeinsamen Geschichte. Sie feiern zum Beispiel gemeinsam ihren Hochzeitstag oder den Tag ihres Kennenlernens. Solche Rituale intensivieren die Verbundenheit in der Beziehung. Und Rituale sind schließlich auch gute Stresspuffer. Denn es ist vor allem Stress, der viele Paarbeziehungen belastet. In den Ritualen schaffen sich die Paare bewusst einen Freiraum, in dem sie die Zeit füreinander verbringen. Sie unterbrechen den Stress, der von außen auf sie einstürmt.

Rituale können helfen, Konflikte zu beenden. Doch wir dürfen die Rituale auch nicht überfordern. Man darf in ihnen nicht ein Zaubermittel sehen, das alle Probleme löst. Rituale stehen oft am Ende eines gemeinsamen Prozesses, auf den man sich eingelassen hat. Sie schließen die Tür der Vergangenheit, so dass die vergangenen Verletzungen nicht ständig als Vorwurf verwendet werden. Nur so kann sich die Tür in die Zukunft öffnen.

Du bist nicht allein

Setze dich bequem hin und schließe die Augen. Horche in dich hinein: Wo spürst du Leid in dir? Tauchen da alte Verletzungen auf? Oder spürst du ein Leiden an deiner Unzulänglichkeit oder an deinen Krankheiten, an deiner körperlichen Begrenztheit und an der Empfindlichkeit deiner Seele? Lass all das Leid in dir zu. Es darf sein. Aber dann geh durch das Leid hindurch in den Grund der Seele. Und stelle dir vor: Dort auf dem Grund meiner Seele bin ich eins mit allen leidenden Menschen, mit allen Einsamen, mit allen Verwundeten und Verletzten, mit allen Verzweifelten und Verbitterten. Wenn du diese Einheit mit allen Leidenden spürst, dann bekommt dein Leiden einen Sinn. Du bist nicht allein in deinem Leid. Es öffnet dich für alle Menschen. Und indem du durch dein Leiden hindurchgehst in den Raum der Stille, in den Raum der Hoffnung auf Verwandlung und Auferstehung, machst du die Welt auch für die heller, die das Gefühl haben, dass alles um sie herum und in ihnen dunkel und leer ist.

QR-Code

Entdecke deine Wurzeln

Setzen Sie sich ruhig hin und schließen die Augen. Dann schauen Sie in sich hinein und forschen nach Ihren Wurzeln: Was sind die Wurzeln, die mir meine Eltern vermittelt haben? Welche Haltungen, welche Überzeugungen und Verhaltensweisen, auch welche Glaubenswurzeln entdecke ich in ihnen? Was sind typische Redewendungen meiner Eltern, aus denen ich ihre Lebensphilosophie erkennen kann? Was weiß ich von den Großeltern mütterlicherseits und väterlicherseits? Wie haben die Großeltern meine Eltern geprägt? Was sind auch dunkle Seiten in der Geschichte meiner Großeltern und Urgroßeltern? Gibt es da Familiengeheimnisse, über die man nicht gesprochen hat, die aber doch weiter wirken in der Familie? Versuchen Sie, die Wurzeln in sich selbst zu spüren, und dankbar zu sein für die Wurzeln, aus denen Sie leben.

Dann gehen Sie durch alles, was Ihnen von Ihren Vorfahren einfällt, hindurch – in den Grund Ihrer Seele. Und stellen Sie sich vor, dass Ihre tiefste Wurzel in Gott selber gründet. Ganz gleich, wie die Wurzeln sind, die Ihnen Ihre Vorfahren vererbt haben, in Ihnen gibt es eine unbeschädigte, reine und klare göttliche Wurzel. Versuchen Sie, mit dieser Wurzel in Berührung zu kommen und sich vorzustellen, dass aus dieser reinen und ungetrübten Wurzel eine gute und segensreiche Frucht aufblüht.

Wenn die Kinder noch kleiner sind, können sie auch etwas malen, anstatt es in Worte zu fassen. Sie können in ihren Bildern ausdrücken, was die Familie belastet und was ihr nicht guttut. Zuletzt können sie diese Bilder verbrennen. Wenn jeder etwas gesagt oder gemalt hat, kann man die Versöhnung mit einem gemeinsamen Gebet beschließen, bei dem man sich an der Hand nimmt. Dann verbindet das gemeinsame Beten die ganze Familie. Und dann kannst du noch einen persönlichen Segen sprechen oder ein Segensgebet vorlesen, das dich anspricht. Dann könnt ihr miteinander ein Fest der Versöhnung feiern, mit einem gemeinsamen Essen und einer Kerze auf dem Tisch.

Die Liebe spüren

Der Ort, an dem wir mit der Liebe in uns in Berührung kommen, ist der gleiche, an dem die Liebe in uns wohnt: Es ist die Brustmitte. Legen Sie also die Hände auf die Brustmitte, bis es dort warm wird, bis Sie die Liebe in sich wahrnehmen. Spüren Sie sich in diese Liebe hinein. Und sagen Sie sich: Diese Liebe gehört mir. Sie strömt in mir. Sie kann mir niemand nehmen. Keine Enttäuschung kann mir diese Liebe zerstören. Sie hat in sich etwas Unzerstörbares. Genießen Sie diese Liebe, die Sie wärmt, und seien Sie dankbar dafür. Sie ist ein Geschenk Gottes an Sie. Die Liebe bringt Sie in Berührung mit Ihrem innersten Kern, der sich hell und warm anfühlt, in dem Sie es bei sich selbst aushalten können und in dem Sie bei sich daheim sein dürfen. In dieser Liebe, die Sie in sich spüren, können Sie etwas erahnen von der Liebe Gottes, die in Ihnen ist. Gott ist Liebe. So sagt uns der 1. Johannesbrief. Wenn Sie die Liebe in sich spüren – oder wenn Sie die Sehnsucht nach Liebe in sich spüren –, dann berühren Sie in sich Gottes Liebe, die unerschöpflich ist, die nicht so brüchig und ambivalent ist wie unsere menschliche Liebe. Unsere menschliche Liebe kann uns verzaubern, aber auch verletzen. Wenn Sie in Ihrer Liebe, die Sie in sich tragen, Gottes Liebe erkennen, dann ist Ihre Sehnsucht nach Liebe erfüllt. Dann sind Sie in Gott und Gott ist in Ihnen.

QR-Code

Ich bin mehr als meine Rolle

Setzen Sie sich bequem hin und phantasieren Sie sich in Ihre Rolle hinein, die Sie im Beruf, in der Familie, in Ihrem Umfeld – Verein, Nachbarschaft, Verwandtschaft usw. – spielen. Dann gehen Sie in dieser Rolle einfach durch den Raum. Und beobachten Sie sich selbst, wie diese Rolle Ihr Gehen und Ihre Bewegungen und Ihre Gebärden prägt. Dann setzen Sie sich nochmals hin und stellen sich vor: Ich verlasse diese Rolle. Ich bin ich selbst. Wer bin ich wirklich, wenn meine Rolle wegfällt? Was ist dann dieses Selbst, das verschiedene Rollen spielen kann, je nachdem in welchem Umfeld ich bin? Und dann gehen Sie in Ihrem Raum herum oder gehen Sie mit dieser Vorstellung spazieren: Ich bin ich selbst. Ich bin nicht nur meine Rolle. Mein Selbst ist etwas anderes. Es ist tiefer. Es kann diese oder jene Maske aufsetzen und diese oder jene Rolle spielen. Aber mein Selbst ist mehr als die Masken, die ich trage, und mehr als die Rollen, die ich spiele.

Mit Verletzungen umgehen

Überlegen Sie, mit welchem Menschen Sie momentan Schwierigkeiten haben. Wer hat Sie verletzt? Und dann beten Sie auf diesen Menschen hin das Wort Jesu: »Vater, vergib ihnen, denn sie wissen nicht, was sie tun« (Lk. 23,34). Vielleicht hören Sie dabei in sich die Stimme: »Der wusste genau, was er getan hat. Der hat mich absichtlich verletzt.« Und dann sprechen Sie trotzdem wieder den Satz: »Vater, vergib ihm, vergib ihr, denn er/sie wusste nicht, was er/sie getan hat.« Dann erahnen Sie vielleicht: Ja, er wollte mich bewusst verletzen. Aber ihm war gar nicht bewusst, dass er nur seine eigenen alten Verletzungen weitergibt. Er war blind in seiner Wut, blind in seiner eigenen Verletztheit. Dann kann das Gebet für ihn allmählich Ihre Beziehung zu ihm verwandeln. Sie müssen sich nicht zwingen, ihm zu vergeben. Sie bitten Gott, dass Gott ihm vergibt. Und indem Sie so beten, sehen Sie ihn mit anderen Augen. Und Sie können ihn lassen. Er hat keine Macht mehr über Sie. Sie kreisen nicht mehr um die Verletzung und Sie spüren in sich tiefen Frieden. Sie merken, dass dieses Wort Jesu Sie selbst in die Ruhe und in den Frieden führt. Es ist keine Überforderung für Sie, sondern ein heilsames Gebet, das Ihnen guttut.

Eine andere Übung ist es, die zu segnen, die mich verletzt haben: Wenn uns jemand kränkt, indem er schlecht über uns geredet hat, verlieren wir leicht unser Gleichgewicht. Wir fühlen uns als Opfer derer, die uns verletzen und bleiben dabei in unserer Opferrolle stecken. Da rät uns Jesus zu einem guten Ritual: »Segnet die, die euch verfluchen.« (Lk 6,28) Stelle dir vor: Wer redet schlecht über mich? Mit wem möchte ich momentan nichts zu tun haben? Und dann stelle dich aufrecht hin und erhebe die Hände zur Segensgebärde. Lass den Segen Gottes durch deine Handinnenflächen zu dem Menschen strömen, der dich verletzt hat. Vielleicht spürst du am Anfang Widerstand gegen dieses Ritual. Aber wenn du dich darauf einlässt, wirst du erfahren, dass der Segen dir guttut. Er ist wie ein Schutzschild, das du vor dich hältst. Der andere kann dich nicht mehr verletzen. Und du steigst aus deiner Opferrolle aus und aktivierst dich selbst. Du schickst dem anderen deine eigene gute Energie hin, aber vor allem die segensreiche Energie Gottes. Indem du Gottes Segen zum anderen strömen lässt, wirst du spüren, dass du den, der dich verletzt hat, mit anderen Augen anschaust. Du stellst dir vor, wie Gottes Segen ihn durchdringt, wie der andere mit sich selbst in Einklang kommt. Du wirst erkennen, dass seine Verletzung aus einem verletzten Herzen geströmt ist. Indem Gottes Segen in ihn einströmt und sein gekränktes Herz durchdringt und heilt, hat er es nicht mehr nötig, andere zu verletzen. Du wünschst ihm Frieden und Gottes Segen. Gottes Segen möge ihn durchströmen und ihn einhüllen wie ein schützender Mantel. Dann schützt Gottes Segen auch dich selbst vor den Verletzungen durch den anderen. Das Ritual tut dir auch selber gut und es erleichtert dir die Begegnung mit dem, der schlecht über dich gesprochen hat.

Versöhnung in der Familie

Jede Gemeinschaft braucht Versöhnungsrituale. Im Kloster gab es früher die sogenannte Kulpa, in der man sich anklagte, der Gemeinschaft Schaden zugefügt oder ihr durch sein Verhalten geschadet zu haben. Das Ritual wurde irgendwann leer und formelhaft. Dann hat man es abgeschafft. Doch es wurde vielen Gemeinschaften klar, dass sie ein Ritual der Reinigung und Versöhnung brauchen, weil sonst die Tendenz verstärkt würde, die Gemeinschaft immer mehr zu vernachlässigen und nur noch sein eigenes Leben zu leben. Auch eine Familie braucht Versöhnungsrituale, damit die täglichen Verletzungen, die oft gar nicht wahrgenommen werden, sich nicht in den Herzen festsetzen und die Beziehungen beschweren. Eine gute Gelegenheit für ein solches Versöhnungsritual in der Familie wäre ein Abend in der Adventszeit oder in der Fastenzeit.

Lade deine Familie ein zu einer Versöhnungsfeier. Lies einen Text aus der Bibel, der das Miteinander in deiner Familie beschreibt, z. B. aus dem Römerbrief 12,9–18 oder aus dem Kolosserbrief 3,12–17. Dann lade alle ein, zu erzählen, wofür sie dankbar sind im vergangenen Jahr, was schöne Erfahrungen waren. Und jeder kann dann auch sagen, was aus seiner Erfahrung und in seiner Sicht nicht so gut gelaufen ist. Und wenn er möchte, kann er sich dafür entschuldigen.

Meine Eltern und ich

Ganz gleich ob Ihre Eltern noch leben oder ob sie schon gestorben sind, gönnen Sie sich einmal für folgende Übung Zeit. Denken Sie darüber nach: Was habe ich von meiner Mutter erfahren an Zuwendung, Liebe und Fürsorge? Wofür bin ich dankbar? Was habe ich von meiner Mutter gelernt? Welche Lebensweisheiten hat sie mir vermittelt? Welche Fähigkeiten habe ich von ihr übernommen? Wovon möchte ich mich auch distanzieren und es bei ihr lassen? Sie könnten sagen: „Mutter, ich ehre dich für das, was du mir gegeben hast. Und das andere lasse ich bei dir."

Dann denken Sie darüber nach: Was habe ich von meinem Vater erfahren an Zuwendung, Liebe und Fürsorge? Wie habe ich ihn erlebt? Welche Fähigkeiten habe ich von ihm? Und welche Lebensweisheiten hat er mir vermittelt? Dann können Sie ähnlich sagen: „Vater ich ehre dich für das, was du mir gegeben hast. Das andere lasse ich bei dir."

Dann horchen Sie nach innen und stellen sich vor: Das was ich von meinen Eltern gelernt und was ich von ihnen empfangen habe, das ist und bleibt in mir. Und ich möchte das, was mir geschenkt wurde, weitergeben, an meine Familie, an die Menschen, denen ich begegne.

QR-Code

Vater- und Mutterbilder klären

Welche Vater- und Mutterbilder tauchen in dir auf? Lass alle Bilder auftauchen, die Bilder, die dich belasten, aber auch die Bilder, die dir guttun. Und wenn dir nur negative Bilder von Vater und Mutter einfallen, dann stelle dir vor: Wie hat mein Vater sein Leben verstanden? Warum hat er sich selbst so gesehen und so verhalten? Was war seine Strategie, mit der er sein Leben auf seine Weise gemeistert hat? Und wie hat meine Mutter sich selbst gesehen? Welche inneren Bilder hat sie mitgebracht von ihrer eigenen Kindheit? Wie ist sie damit umgegangen? Wie hat sie damit ihr Leben bewältigt? Stelle dir vor, dass die anziehenden Vater- und Mutterbilder sich in dich einbilden, damit du von ihrer Kraft und ihrer Lebenserfahrung und von ihrem Glauben her leben kannst, dass du aus den gesunden Wurzeln deiner Eltern die Kraft beziehst, die du für dein Leben brauchst. Und versuche, hinter die schwierigen Vater- und Mutterbilder zu schauen und die Lebensphilosophie deiner Eltern zu entdecken. Vielleicht hilft sie dir, mit deinem Gewordensein aktiv umzugehen und auf dem Hintergrund all dieser Elternbilder dein eigenes Bild zu entdecken, das Anteile der Eltern in sich birgt und das doch in sich einmalig und einzigartig ist.

Die Botschaft der Eltern

Nehmen Sie sich einmal Fotos Ihrer Eltern und betrachten Sie die Bilder. Was strahlt Ihnen da entgegen? Fragen Sie sich: Was ist die Botschaft meiner Eltern an mich? Was habe ich von ihnen gelernt, welche Fähigkeiten und Eigenschaften habe ich von ihnen erhalten? Und dann überlegen Sie sich, wie Sie diese Fähigkeiten und Eigenschaften auf Ihre ganz persönliche Weise zum Ausdruck bringen können, ohne die Eltern zu kopieren. Fragen Sie sich: Was von dem, was meine Eltern leben, entspricht nicht meinem Selbstverständnis? Wovon möchte ich mich distanzieren? Was möchte ich loslassen? Dann spüren Sie in sich hinein: Bin ich innerlich frei von meinen Eltern? Oder warte ich immer noch auf ihre Worte von Anerkennung und Lob? Bin ich immer noch geprägt von ihren Maßstäben? Wo entsprechen diese Maßstäbe meiner eigenen Erfahrung, meinem eigenen Gefühl? Und wo sollte ich mich von ihren Maßstäben distanzieren? Und dann halten Sie einfach inne. Denken Sie nicht mehr über Ihre Eltern nach, sondern spüren in sich hinein: Wer bin ich? Bin ich im Einklang mit mir selbst, mit meiner Lebensgeschichte? Was ist das einmalige Bild, das Gott sich von mir gemacht hat? Sie müssen das gar nicht beschreiben. Genießen Sie es einfach, ganz Sie selbst zu sein. Spüren Sie dem Geheimnis Ihres Lebens, Ihrer Person, Ihres Wesens nach. Vielleicht kommen Sie dann ganz zur Ruhe, in Einklang mit sich selbst.

Negativen Stimmen begegnen

Oft hören wir, wenn wir etwas Neues wagen wollen, in uns eine Stimme, die uns nicht Mut macht, sondern uns einreden will: Du kannst das sowieso nicht. Du wirst das nicht schaffen. Ausgerechnet du willst so etwas anfangen. Es sind das Stimmen aus der Kindheit, die negative Stimme von Eltern oder Erziehern oder von Menschen, die uns nichts zugetraut haben. Es sind Stimmen wie Totenwächter. Das Evangelium des Matthäus erzählt von diesen Totenwächtern, die das Grab Jesu bewachten und auf einmal umfielen, als der Engel Gottes kam.

Eine Möglichkeit, in einer belastenden Situation damit umzugehen, ist folgendes Ritual: Nimm diese Stimmen als Stimmen von außen wahr, auch wenn sie in dir sind. Sie werden immer wieder kommen. Ich höre sie. Ich sage zu ihnen: »Ich kenne euch. Aber ich folge euch nicht. Ich gebe euch heute keine Macht. Ich tue heute das, was ich selber spüre. Ich bin nicht mehr das Kind, das ihr manipulieren könnt.«

Ich nehme die Stimmen also wahr und distanziere mich von ihnen. Dadurch verlieren sie an Macht.

Ein anderer Weg besteht darin, in einem Ritual diese Totenwächter zu begraben. Sie können einen Stein nehmen und sich in ihn hinein meditieren. Woran erinnert Sie der Stein, an welche Last, an welche belastende und niederdrückende Stimme? Dann begraben Sie diesen

Stein. Sie können es bewusst vor einem vertrauten Menschen tun und beim Begraben auch mit Worten erklären, was Sie da für immer begraben wollen.

Ein anderes Ritual: Suche dir ein paar Steine und verbinde jeden Stein mit einem ganz bestimmten Satz des Vaters oder der Mutter oder einer anderen Person und wirf ihn dann mit Kraft weit weg, schleudere ihn in einen Fluss oder in einen See. Das kann ein Stück weit von der Macht dieser Stimmen befreien. Aber Sie brauchen Geduld. Die Stimmen werden wiederkommen. Sie sollen sich dann an das Ritual erinnern, daran, dass Sie den Stein begraben haben und begraben sein lassen oder dass sie ihn ins Wasser geworfen haben und er dort gut aufgehoben ist.

Ärgere dich nicht

Überlege, über welche Schwächen anderer Menschen Du Dich aufregst oder ärgerst. Und dann meditiere diese Schwächen und versuche, sie als Spiegel für Dich selber zu nehmen: Warum ärgere ich mich so über dieses Verhalten des andern? Habe ich in mir selber auch die Tendenz, mich so zu verhalten wie der andere? Aber ich habe es mir verboten. Und ich ärgere mich über den andern, weil er das lebt, was ich mir verboten habe. Habe ich es mir verboten, weil es mir meine Erziehung so gesagt hat? Oder habe ich es mir aus innerer Überzeugung verboten, weil ich spüre, dass es mir nicht gut tut, mich so zu verhalten? Oder ärgere ich mich über die Schwächen des andern, weil sie mich stören? Weil z.B. seine mangelnde Körperpflege mich wegen der negativen Gerüche stört? Wenn Du im Verhalten des andern einen Spiegel für Dich findest, dann versuche, Deine eigene Wahrheit, Deine eigenen verdrängten Verhaltensweisen und Bedürfnisse Gott hinzuhalten und Gottes Liebe dahinein strömen zu lassen. Wenn Dich das Verhalten des andern stört, weil es Deine Grenze – vom Geruch her, vom Lärm her, von der Hektik her – überschreitet, dann versuche, gut bei Dir selbst zu sein, Dich innerlich abzugrenzen vom andern und in Deiner Mitte zu bleiben. Dann wird Dich das Verhalten des andern nicht mehr so aufregen.

QR-Code

In meiner Mitte bleiben

Sie kennen sicher Gesprächssituationen, bei denen Sie sich vom Gegenüber aus Ihrer Mitte heraus treiben lassen. Wenn der andere Sie aggressiv angreift, dann reagieren Sie entweder selber aggressiv oder aber eingeschüchtert. Und schon lassen Sie sich die Rolle vom anderen aufdrängen. Und Sie sprechen dann genauso aggressiv. Das führt zur Spaltung.

Um dem zu entgehen, stellen Sie sich vor: Ich sitze ganz bequem und entspannt auf meinem Sessel. Ich beobachte den Atem, wie er kommt und geht. Ich bin ganz bei mir, ganz im Einklang mit mir selbst. Ich fühle mich frei. Ich muss mich vor niemandem rechtfertigen oder etwas beweisen. Ich bin ganz ich selbst. Jetzt kommt dieser Mensch, mit dem die Gespräche oft schief laufen, weil ich mich von ihm immer aus meiner Mitte heraus schleudern lasse.

Ich stelle mir jetzt vor: Wenn ich ganz entspannt, ganz in meiner Mitte, ganz im Einklang bin mit mir selbst: Wie würde ich dann reagieren auf das, was der andere sagt? Sie werden anders sprechen, wenn Sie ganz aus Ihrer Mitte heraus agieren. Wenn Sie dann mit diesem Menschen in der Realität sprechen, werden Sie spüren: Ich muss mich nicht anstrengen. Die Vorausmeditation hilft mir, jetzt bei mir zu bleiben. Und ich kann so sprechen, dass die Beziehung nicht abbricht, sondern so, dass das Gespräch uns verbindet. Wenn ich mir nur mit dem Willen vornehme: ich will anders mit diesem Menschen sprechen, dann gelingt es oft nicht. Denn der Wille kommt immer zu spät. Aber wenn ich in dieser Vorausmeditation mir vorgestellt habe, wie es sein könnte, dann taucht dieses Gefühl, in meiner Mitte zu sein und aus dieser Mitte heraus zu sprechen, sofort auf, wenn der andere in mein Zimmer tritt. Und dann wird das Gespräch eher gelingen.

QR-Code

Übung der Verbundenheit

Vielleicht gibt es einen Menschen, mit dem Sie sich besonders schwer tun, der Ihnen nicht sympathisch ist und an den Sie nicht herankommen. Dann versuchen Sie, sich in ihn hinein zu fühlen: Was bewegt diesen Menschen? Worunter leidet er? Warum ist er so? Wie mag es in ihm aussehen? Wie fühlt er sich, wenn er allein ist? Wenn Sie sich so in ihn einfühlen, dann lösen sich die Vorurteile auf, die Sie ihm gegenüber haben. Sie können diese Vorurteile nicht aus sich heraus reißen. Sie kommen einfach in Ihnen hoch, wenn Sie diesem Menschen begegnen. Aber Sie legen ihn in dieser Vorstellung nicht auf das Vorurteil und auf das negative Gefühl fest. Sie versuchen, Verbindung zu seiner Seele aufzunehmen, zu seinem wahren Selbst, das nicht mehr geprägt ist von den unsympathischen Seiten, die Ihnen ins Auge springen. Vielleicht können Sie dann aus diesem Mitgefühl heraus für ihn beten. Der andere wird Ihnen nicht sofort sympathisch erscheinen. Aber Sie werden erleben, dass Sie ihm anders begegnen, zumindest mit der Hoffnung, dass der gute Kern unterhalb seiner unsympathischen Seite immer mehr zum Vorschein kommt, dass er mehr und mehr in Einklang kommt mit sich selbst. Und auf einmal ist er ihnen nicht mehr so unsympathisch. Sie empfinden Mitgefühl und vielleicht auch Mitleid, weil Sie spüren, dass dieser Mensch an sich selber leidet. Mitgefühl und Mitleid verbinden Sie mit diesem Menschen. Und diese Verbundenheit tut Ihnen auch selber gut.

QR-Code

Rituale sind der Ort, an dem Gefühle ausgedrückt werden, die sonst nie ausgedrückt werden. Und sie vertiefen die Beziehungen zwischen den Menschen. Sie schaffen eine gemeinsame Identität. Sie verbinden uns auf einer tieferen Ebene als der des Verstandes und des Willens, tiefer auch als das Gefühl. Das gilt vor allem für die *Rituale der Zweisamkeit.* Manche haben das Ritual, sich am Morgen mit dem Kuss zu begrüßen und sich abends mit einem Kuss in die Nacht zu verabschieden. Das mag flüchtig erscheinen. Aber wenn das Ritual täglich geübt wird, gibt es doch jeden Tag zumindest eine oder zwei zärtliche Berührungen des andern. Manchmal wird der Kuss intensiver, manchmal nur der alltägliche Vertrauensbeweis sein, dass es uns um die gemeinsame Liebe ernst ist.

Die Psychologie hat in den letzten Jahren neu entdeckt, welch große Bedeutung solche Rituale, ja Rituale überhaupt für das gelingende Zusammenleben von Paaren haben. Da gibt es die Rituale des Lebenszyklus, etwa die Hochzeitsfeier oder die Feier eines bestandenen Examens. Es gibt die Rituale an den Festen des Kirchenjahres, besonders an Weihnachten, die das Paar oft auf eine Weise vollzieht, wie sie ihnen von ihren Herkunftsfamilien überkommen ist. Und es gibt die speziellen Rituale, wie Geburts- und Jahrestage, das Begehen des Hochzeitstages oder Kennenlerntages, in denen das Paar dankbar und voller Freude auf den Ursprung der Beziehung schaut. Es gibt aber auch die Rituale des alltäglichen Lebens. Anke Birnbaum stellt fest: »Alle Paare konstruieren, wenn auch oftmals unbewusst, bestimmte Tages- und Wochenrituale, Abschieds- und Wiedersehensriten.« Wenn Paare solche Rituale begehen, vertiefen sie ihre Beziehung. Oft gibt es deswegen auch Irritationen, wenn z. B. der Mann den Geburtstag seiner Frau vergisst oder einmal keine Blumen am Hochzeitstag mitbringt. Rituale schaffen einen Raum der Sicherheit und Geborgenheit. Das Vergessen der gemeinsam ausgemachten Rituale verletzt den Partner oder die Partnerin.

Soziologen sagen uns, dass die Ehepartner am Tag oft nicht länger als zehn Minuten miteinander reden. Stattdessen verbringen sie oft passiv den Abend vor dem Fernseher. Dabei täten gut ritualisierte Momente der Einkehr, der Besinnung und des gemeinsamen Gesprächs der Beziehung wirklich gut. Inzwischen schlagen daher viele Psychologen ritualisierte Paargespräche vor, damit die Wahrnehmung der Gefühle und Bedürfnisse des Partners und der wechselseitige Austausch in einem tieferen Sinn auch gelingt.

Es gibt zum Beispiel den Sprechstein: Einmal in der Woche reservieren sich die Ehepartner einen Abend füreinander. Jeder darf sagen, was ihn bewegt. Während der Mann spricht, nimmt er einen Sprechstein. Solange er spricht, darf die Frau ihn nicht unterbrechen. Erst wenn er den Stein auf den Tisch legt, kann ihn die Frau nehmen und nun das sagen, was ihr wichtig ist. Und der Mann darf sie nicht unterbrechen oder sie korrigieren. Er hört solange hin, wie die Frau spricht.

Oder es gibt ritualisierte Streitgespräche. Wenn das Streitgespräch klare Formen hat, gelingt das Streiten besser. Statt den andern dabei zu verletzen, kommt man sich gegenseitig näher und man klärt etwas, das die Beziehung belastet.

Das ungestörte Gespräch

Ich möchte bei der Vielfalt der möglichen Rituale zur Vertiefung der Partnerschaft nur eines empfehlen: Setzen Sie sich gemeinsam mit Ihrer Frau, mit Ihrem Mann an einem Abend in der Woche in eine bequeme und geschützte Ecke Ihrer Wohnung, ungestört von den Kindern. Stellen Sie in Ihre Mitte eine Kerze und zünden Sie sie an. Trinken Sie gemeinsam ein Glas Rotwein oder eine Tasse Tee, wenn Ihnen das lieber ist. Dann erzählen Sie sich gegenseitig, was Sie gerade bewegt. Der Blick auf die Kerze, die zwischen Ihnen brennt, lädt Sie ein, auch das ins Wort zu bringen, was Sie beide übersteigt, was Sie im Tiefsten verbindet. Sprechen Sie nicht nur über Ihre Gefühle, sondern auch über das, was Sie in der Tiefe miteinander verbindet, über Ihre gemeinsame Sehnsucht, über Ihren spirituellen Weg, über Ihre Erfahrungen, die das Herz berührt haben. Natürlich haben in diesem Gespräch auch Ihre Sorgen Platz, die Sorge um die Kinder, die Sorge um den Arbeitsplatz und die Sorge um die alten Eltern. Beschließen Sie das Gespräch immer mit einem ausdrücklich ausgesprochen Dank, in dem Sie für alles danken, was Gott Ihnen geschenkt hat, in dem Sie vor allem für die Liebe danken, die ihren Grund hat in der unerschöpflichen und unermesslichen Liebe Gottes.

Rituale der Zweisamkeit

Paare brauchen Rituale der Zweisamkeit, in denen sie sich abschirmen von den Belastungen und Einflüssen von außen. Oft muss die gemeinsame Zeit von den Paaren erkämpft werden. Sonst stehen entweder die Kinder im Mittelpunkt oder aber äußere Belastungen bestimmen das Miteinander. Rituale schützen das Paar vor dem Stress, dem es sich oft ausgesetzt sieht. Und sie schaffen einen Freiraum für die Zweisamkeit. Das ermöglicht es dem Paar, sich immer wieder füreinander zu öffnen und die Gefühle auszudrücken, die sie im Tiefsten verbinden. Viele Paare haben das Ritual des Begrüßungskusses und des Gute-Nacht-Kusses. Das sind kurze Augenblicke. Und dennoch sind sie wichtig, damit sich das Paar immer wieder der Liebe vergewissert, die es trägt. Es gibt viele Rituale der Zweisamkeit. Für ein Paar ist es der gemeinsame Spaziergang, für ein anderes der gemeinsame Besuch eines Konzertes oder eines Theaterstücks oder eines Museums. Auch die Zärtlichkeit zwischen Mann und Frau braucht Rituale.

Ich möchte folgendes Ritual empfehlen:

Reservieren Sie sich einen Abend oder irgendeine Stunde während der Woche für einen gemeinsamen Spaziergang. Gehen Sie die ersten zehn Minuten schweigend nebeneinander. Schauen Sie die Natur an, die Sie umgibt. Hören Sie auf die Geräusche um sich herum. Und riechen Sie den Geruch des Waldes, der Wiese, der Felder. Und horchen Sie in sich hinein, was Ihre tiefste Sehnsucht ist. Und dann sprechen Sie miteinander, aber nicht über Ihre Sorgen und Probleme, sondern über das, was Sie wahrgenommen haben. Natürlich braucht es auch einen Raum, über Ihre Sorgen und Ängste zu reden. Aber es tut auch gut, einmal über sich und den engen Horizont der eigenen Familie hinauszusehen und auf das zu blicken, was Sie im Innersten berührt. Die Natur, die Sie umgibt, wertet nicht. Sie trägt Sie. Sie haben teil an ihrer Lebenskraft, an der Liebe, die sie durchdringt. Sie brauchen immer wieder die Erfahrung der gemeinsamen Quelle, aus der Sie trinken. Und in der Natur kommen Sie mit der Quelle der Liebe Gottes in Berührung, die alles durchdringt und die auch in Ihnen strömt, ohne je zu versiegen, weil sie göttlich ist.

Freundschaft pflegen

Auch Freundschaft braucht Rituale. Das kann der regelmäßige Telefonanruf sein oder das Senden einer Mail oder von SMS, oder was noch besser ist, eine gemeinsame Wanderung, die man von Zeit zu Zeit ausmacht. Freundschaft will gepflegt werden. Sonst zerrinnt sie irgendwann zwischen den Fingern. Es gibt Freundschaften, die auch weiter bestehen, wenn man kaum Kontakt hat. Wenn man sich sieht, ist die Freundschaft sofort wieder präsent. Aber normalerweise braucht auch eine Freundschaft Rituale, in denen man Zeit füreinander aufbringt und die Gefühle zum Ausdruck bringt, die einen berühren und bewegen.

Ein wichtiges Freundschaftsritual ist für mich der Brief. Gerade heute im Zeitalter von Handys und E-Mail wäre es ein gutes Ritual, sich hinzusetzen und einen Brief zu schreiben. Denn Schreiben gehört offensichtlich wesentlich zur Freundschaft. Der Freundschaft verdanken wir wohl die schönsten Briefe der Weltliteratur. Heute haben wir es leider verlernt, einander Briefe zu schreiben. Und doch braucht die Freundschaft den Brief, in dem ich dem Freund mitteile, was mich bewegt. Konstantin Raudive sagt einmal: »Menschen, die keine Briefe gewechselt haben, kennen einander nicht.« Für den Philosophen Ernst Horneffer ist der Brief an den Freund wie ein Fest, das wir mitten im Alltag feiern: »Der Brief sei dir ein Fest! Dieses Fest darfst du dir gönnen. Ein griechischer Weiser sagte:

›Ein Leben ohne Feste ist wie eine Wanderung ohne Herberge.‹ Schaffe dir in der harten, ruhelosen Wanderung eine Raststätte der Seele – im Brief.«

Die Liebe, die in uns ist, will Ausdruck. Der Brief ist ein bleibender Ausdruck der Freundschaft. Einen Brief kann ich immer wieder lesen. Der heilige Franz Xaver las kniend und unter Tränen die Briefe, die ihm sein Freund Ignatius von Loyola schrieb. Die Briefe ließen die Freundschaft lebendig bleiben, auch wenn sich die Freunde nie mehr im Leben sahen.

So lade ich Dich ein, Deinem Freund, Deiner Freundin, wenigstens einmal im Jahr einen Brief zu schreiben. Lasse dir dazu Zeit. Schreib nicht einfach, was Du gerade tust und was Du erlebt hast. Überlege, was Dich gerade jetzt wirklich bewegt. Das Schreiben wird Dir helfen, Deine eigenen Gedanken und Gefühle klarer zu erkennen. Das Schreiben tut Dir selbst gut. Es gibt Dir Zeit, Dich mit Deinem Freund zu beschäftigen und Dich zu fragen, was Dich im Tiefsten mit ihm verbindet. Und es gibt Dir die Gelegenheit, das auszudrücken, was in Dir oft nur diffus vorhanden ist. Es bringt Dich in Berührung mit Deiner eigenen Wahrheit. Schreibe, was Dich bewegt. Und schreibe Deinem Freund oder Deiner Freundin auch, was Du ihm bzw. ihr wünschst und was Du gerne von ihr oder ihm wissen möchtest. Der jährliche Brief könnte zu einem Ritual werden, das Dir selbst hilft, Rechenschaft über Dich und Deinen inneren Zustand abzulegen und Dich zu vergewissern, was Dich trägt und wohin Du auf Deinem Weg unterwegs bist.

Mahlzeiten

In vielen Familien ist es üblich, vor dem Essen gemeinsam zu beten. Das Ritual des gemeinsamen Tischgebetes gibt dem Essen den Charakter des Mahles. Es geht nicht nur darum, den Magen zu füllen, das gemeinsame Essen ist keine Sättigungszeit, sondern eine Mahlzeit. Die Griechen nennen das gemeinsame Mahl »Symposion«. Sie betonen, dass man sich beim Mahl zusammensetzt, um gemeinsam die Gaben Gottes zu genießen, aber auch, um Gespräche zu führen, die uns miteinander verbinden. Die griechischen Philosophen entwickelten ihre Gedanken beim gemeinsamen Mahl. Das deutsche Wort »Mahl« kommt von »Mal« und meint den festgesetzten Zeitpunkt, zu dem man zum gemeinsamen Essen zusammenkommt. »Mal« bedeutet wie »Ritus« das Abgemessene. Zu dieser Wortwurzel gehören auch die Worte »Maß« und »Muße«. Bei der Mahlzeit pflegt man die Muße. Man hat Zeit füreinander. Man erholt sich gemeinsam. Auch die lateinischen Wörter »meditari« (erwägen, meditieren) und »medicus« (Arzt, weiser Ratgeber) gehören dazu. Die gemeinsamen Mahlzeiten, wenn man sie auf diesem Bedeutungshintergrund versteht, möchten eine ruhige Atmosphäre schaffen mitten in der Hektik des Alltags. Und sie wollen heilsam sein für Leib und Seele. In allen Religionen hat das Mahl immer auch heiligen Charakter. Die Juden halten das Paschamahl, die Christen feiern in Erinnerung an das letzte Abendmahl Jesu mit seinen Jüngern das heilige Mahl der Eucharistie. Der hl. Benedikt versteht die gemeinsamen Mahlzeiten der Mönche immer vor dem Hintergrund des heiligen Mahles, das in der Kirche gefeiert wird.

Das Bild des Symposions ist auch für die Mahlzeiten in der Familie hilfreich. Die Familie kommt zusammen und tauscht sich aus. Beim Mittagessen möchten die Kinder erzählen, was in der Schule passiert ist und was sie sonst bewegt. Während des Abendessens erzählen Vater und Mutter, was sich in ihrer Arbeitszeit Wichtiges zugetragen hat. Allerdings will auch ein solches Gespräch ritualisiert sein. Eine Mutter erzählte mir, ihr Mann würde das Abendessen mit den Problemen an seinem Arbeitsplatz beherrschen. Die Kinder verstummen dann, und sie haben ja auch keinen Platz in dieser Berufswelt des Vaters. Nun hat die Frau mit ihrem Mann die Vereinbarung getroffen, dass er mit ihr erst nach dem Abendessen über seine Arbeit spricht. Das Gespräch beim Abendessen soll vor allem den Kindern Raum geben, über ihre Erlebnisse zu sprechen. Der Vater fragt nun die Kinder, wie es ihnen in der Schule geht und was sie gerade durchnehmen. So fühlen sich die Kinder wahrgenommen und angenommen. Die ganze Atmosphäre hat sich verwandelt.

Das Tischgebet

Das Tischgebet macht uns bewusst, dass es Gottes Gaben sind, die wir gemeinsam genießen dürfen. Wir segnen die Gaben, damit sie uns stärken auf unserem Weg, uns gesund halten und uns mit Freude erfüllen. Wir danken Gott, dass er uns täglich nährt und dass wir seine Güte und Menschenfreundlichkeit in den Gaben genießen dürfen, die er uns schenkt. Das Tischgebet gibt dem Mahl einen gemeinsamen Anfang und Schluss. Oft wird das Tischgebet zum Streitpunkt. Die Kinder rebellieren dagegen. Dann wäre es gut, den tieferen Grund ihres Widerstands herauszuspüren. Wogegen rebellieren sie? Wie könnten sie sich das Tischgebet vorstellen? Dann kann man darüber sprechen, ob man das Tischgebet neu gestaltet. In einer Familie übernimmt zum Beispiel jede Woche ein anderer die Gestaltung des Tischgebetes. Dann wird das Ritual nicht zur Routine. Zum Beispiel: Die Eltern haben sich ein Buch mit Tischgebeten gekauft, um abzuwechseln. Der Sohn mit 18 Jahren möchte Stille. Das macht dann die ganze Familie mit. Und die kleinen Kinder gestalten das Tischgebet kindgemäß. Sie laden alle ein, sich an der Hand zu fassen und sich guten Appetit zu wünschen. Das stärkt das Wir-Gefühl der Familie. In der Form des Rituals fühlt sich jeder ernst genommen, und jeder kann auf seine Weise das Ritual formen.

Andere Familien erleben es als hilfreich, immer das gleiche Gebet zu sprechen. Das gemeinsame Tischgebet gibt der Familie ein Stück Familien-Identität. Es bindet die Familie zusammen. Oft wird ein Gebet gesprochen, das schon die Vorfahren gebetet haben. So spürt die Familie beim Tischgebet die Verbundenheit mit den Großeltern und Urgroßeltern. Die Kraft der Vorfahren begleitet sie. Und sie haben teil an dem Geheimnis, dass eine Familie um den gleichen Tisch versammelt ist, die Gaben Gottes genießt und sich von Gottes Schutz gestärkt und genährt weiß.

Auch wenn ich allein irgendwo esse, halte ich kurz inne, um Gott für das zu danken, was ich genießen darf. Dieses kurze Innehalten gibt mir ein Gespür dafür, dass ich achtsam essen will und nicht einfach in mich hineinschlingen möchte. Und es vermittelt mir: Es sind Gottes gute Gaben, die er mir schenkt. Wenn die Buddhisten ein Tischgebet sprechen, dann danken sie nicht nur Gott für seine Gaben, sondern auch den Menschen, die diese Gaben bereitet haben. Es sind ja viele Menschen daran beteiligt, dass diese Früchte, dieses Gemüse, dieses Fleisch auf unseren Tisch kommen. Sie haben mitgeholfen, dass die Früchte der Erde gedeihen können. Sie haben sie geerntet und sie aufbereitet, so dass wir sie heute essen dürfen. Wenn wir diese Achtsamkeit üben, dann verbindet uns das Essen mit all den Menschen, die auf der weiten Welt für uns arbeiten und wirken.

Teilhaben und mitfühlen

Suche dir einen Menschen aus, mit dem du dich oft vergleichst, dem du dich unterlegen fühlst und auf den du vielleicht neidisch bist. Dann stelle dir vor: Er oder sie ist mein Freund, meine Freundin. Ich habe teil an seinen Fähigkeiten, an ihrer Schönheit, an ihrer Beliebtheit, an seinem Erfolg. Ich fühle mich eins mit ihm. Dann verwandelt sich das Vergleichen. Du fühlst dich eins mit dem, mit dem du dich bisher immer verglichen hast. Und du bist nicht nur eins mit ihm, sondern entdeckst auch in dir ganz neue Fähigkeiten. Seine Fähigkeiten sind auch in dir. Und du kannst dankbar auf das schauen, was Gott dir geschenkt hat. Und dann stelle dir einen Menschen vor, mit dem du dich auch verglichen hast, der aber schwächer ist als du, über den du dich beim Vergleichen gestellt hast. Fühle dich in ihn hinein. Und stelle dir auch vor, dass du mit ihm eins bist, dass du an ihm teilhast. Dann wird sich dein Vergleichen in Mitgefühl verwandeln. Du spürst, wie schwer er es mit sich hat. Du kannst mit ihm mitfühlen, anstatt dich über ihn zu stellen.

Und wenn du spürst, dass Neid auf einen anderen in dir hochkommt, dann versuche auch dieses Gefühl zu verwandeln. Frage dich, was Gott dir schon in die Hand gelegt hat, welche Fähigkeiten er dir gegeben hat: Er hat dir Kraft und Zärtlichkeit, Kreativität und Sensibilität in die Hand gelegt. Und stelle dir vor, was deine Hände schon alles geschafft haben. Und dann sei dankbar für deine Hände. Es sind deine eigenen ursprünglichen Hände, die unvergleichlich sind mit den Händen anderer. Danke Gott für deine Hände und für alles, was Gott durch deine Hände schon gewirkt hat, und für das, was er dir in deine Hände gelegt hat.

QR-Code

Nicht verurteilen

Wenn du das nächste Mal in einer Warteschlange stehst – im Supermarkt, vor einem Konzert an der Kasse – und wenn du das nächste Mal im Stau stehst, schimpfe nicht, drängle dich nicht vor – und lass auch den Impuls, das zu tun, nicht hochkommen. Versuche einfach, die anderen zu beobachten. Stell dir vor, was die Frau vor dir denkt und fühlt, wie es ihr geht, wonach sie sich sehnt. Beobachte den Mann hinter dir. Was bewegt ihn? Warum ist er so unruhig? Wohin möchte er? Kann er es bei sich nicht aushalten? Was täte ihm gut? Dann versuche, innerlich all diese Menschen zu segnen, ihnen zu wünschen, dass sie in Frieden kommen mit sich selbst. Stelle dir vor, dass Gottes Segen in diese Menschen einströmt und ihre Unruhe beruhigt, ihre Unzufriedenheit befriedet und ihre Trauer erhellt. Und sende mit dem Segen Gottes auch dein Wohlwollen zu den Menschen. Verurteile sie nicht. Dann wirst du die Warteschlange nicht als negativ erleben. Du wirst dich eins fühlen mit all diesen Menschen. Und es wird dir gut gehen.

Geburtstage feiern

Jeder von uns feiert Geburtstag. Aber viele sind nicht mehr zufrieden mit der Art und den Formen, wie er üblicherweise gefeiert wird.

Ein gemeinsames Mahl ist eine gute Gelegenheit, um die Gemeinschaft mit anderen zu erfahren, aber gutes Essen allein ist zu wenig, um das Geheimnis unseres Lebens auszudrücken. Durch Rituale können Gefühle ausgedrückt werden, die sonst nie Ausdruck finden. Wenn Sie selbst Geburtstag feiern, überlegen Sie sich, was der richtige Rahmen sein könnte, in dem Gefühle ausgedrückt werden können.

Warten Sie nicht auf andere. Fangen Sie selbst an, an Ihrem Geburtstag den Menschen zu danken, denen sie viel verdanken. Dann öffnen Sie auch die Herzen der Menschen, die Sie zu Ihrem Geburtstag eingeladen haben. Und sie werden Ihnen nicht nur Oberflächliches sagen, sondern das, was sie im Herzen spüren.

Wenn Sie den Geburtstag eines lieben Menschen feiern, dann überlegen Sie sich, welches Ritual Sie einbringen wollen. Wenn meine Mutter Geburtstag hatte, kamen alle Geschwister zusammen. Ich hielt viele Jahre bei dieser Gelegenheit eine kleine Ansprache. Doch dann spürte ich Unzufriedenheit in mir. So dachte ich mir jedes Jahr ein anderes Ritual aus. In einem Jahr lud ich meine Geschwister ein, zu erzählen, was sie von der Mutter gelernt und für ihr Leben mitgenommen hatten. In einem andern Jahr sangen wir gemeinsam ein Lied: »Du bist gesegnet. Ein Segen bist du.« Dabei legte jeder der Mutter die Hände still auf den Kopf. In diesem Ritual war viel Zärtlichkeit und Liebe. Es hat nicht nur meiner alten Mutter, es hat allen ihren Kindern gut getan. Rituale vertiefen die Beziehungen. Sie sind eine Chance, sich näher zu kommen und das Geheimnis unseres Lebens zu feiern.

Es gibt natürlich Familien, in denen Rituale nicht gewohnt sind, in denen sie vielleicht sogar lächerlich gemacht werden. Da ist es schwer, am Geburtstag geeignete Formen zu finden. Rituale können kaputte Beziehungen nicht heilen. Aber sie können Bewegung in erstarrte Beziehungen bringen. Und sie können die verdrängten und versteckten Gefühle wieder zum Vorschein bringen. Es muss immer eine Hemmschwelle überwunden werden, um eine Gruppe zu einem Ritual einzuladen. Aber wenn wir diese Schwelle erst einmal überwunden haben und wenn wirklich alle mitmachen, entsteht oft eine Dichte und Intimität, die alle tief berührt. Überlegen Sie also, wenn Sie den Geburtstag Ihres Vaters oder Ihrer Mutter feiern, welches Ritual Sie feiern möchten.

Es ist gut, auch bei Geburtstagsfesten mit einem Symbol zu arbeiten. Verzieren Sie eine Kerze mit Symbolen, die etwas vom Wesen des Vaters oder der Mutter ausdrücken. Und überreichen Sie diese Kerze, indem Sie die Symbole erklären.

Jemand hat zu seinem siebzigsten Geburtstag seinen Gästen etwa eine Plakette an die Kleidung gesteckt, auf der stand: »Das Leben ist schön.« Er gab damit zu verstehen, dass er sein Leben trotz aller Problem, die auch er gehabt hatte, insgesamt ein glückliches Leben war, und er lud die anderen mit diesem Ritual ein, an dieser Zustimmung zum Dasein teilzuhaben. Es gibt viele kreative und positive Symbole, die etwas aussagen können, was mit Worten allein nicht gelingt.

Wenn Sie für sich selbst Ihren Geburtstag feiern möchten, dann nehmen Sie sich alte Bilder aus Ihrer Kinderzeit heraus und schauen sie an. Sie entdecken auf den Bildern Ihre eigene Lebendigkeit und Fröhlichkeit, das unbeschwerte und unverfälschte Bild, das Gott sich von Ihnen gemacht hat. So kommen Sie mit Ihrer eigenen Geburt und Ihrem eigenen Kern in Berührung. Sie erleben neue Geburt. Und die Bilder werden in Ihnen Dankbarkeit hervorrufen für all die Jahre, die Sie bis jetzt erlebt haben.

5

Die Balance finden.

Zwischen Arbeit und Innehalten

Es ist gut, wenn wir uns ganz auf die Arbeit einlassen. Wenn wir in der Arbeit unser Ego vergessen und uns hingeben an das, was wir tun, dann vollziehen wir das Gleiche wie im Gebet: Wir geben uns Gott hin, indem wir uns den Menschen und der Arbeit hingeben. Aber es besteht immer auch die Gefahr, dass wir uns in der Arbeit so verlieren, dass wir nicht mehr in Berührung sind mit uns selbst. Dann ist es gut, innezuhalten. Das Wort »innehalten« meint: Ich halte mitten im Tun inne, um das Tun zu unterbrechen. Ich komme vom äußeren Tun nach innen. Ich spüre mein Inneres. So kann das, was ich tue, aus dem Inneren strömen. Es ist nicht einfach nur etwas Oberflächliches. Mein Tun ist von meinem Herzen erfüllt. In allem ist mein Herz, meine Seele zu spüren. Mein Tun ist beseelt.

Im Innehalten erfahre ich Halt. Beim Autofahren müssen wir anhalten, wenn die Ampel auf Rot schaltet. Rot bedeutet: Halt, nicht weiter. Aber Halt ist auch das, was mich hält, was mir festen Halt gibt. Im Innehalten bekomme ich wieder Halt in meiner Arbeit. Wenn sie mich zu überrollen droht, dann kann ich mich wieder festhalten und aufrichten an dem inneren Halt. Damit ich auch mitten in der Arbeit mit dieser Quelle in Berührung bin, braucht es solche inneren Halte-Punkte, in denen ich mich selbst spüre. Rituale schaffen immer wieder eine heilige Zeit, die der Welt entzogen ist. So erlebe ich mitten im Tun etwas, worüber die Anforderungen der Arbeit nicht verfügen können. Das gibt mir die Möglichkeit, mitten im Handeln innerlich frei zu bleiben und mich nicht von außen bestimmen zu lassen. Ohne dieses Innehalten versiegt die Quelle in uns oder wir verlieren die Beziehung zu ihr.

Bewusst langsam

Unsere Lebenswelt und unser beruflicher Alltag sind in aller Regel von einem schnellen Tempo geprägt. Da tut es gut, einmal bewusst einen Gegenakzent zu setzen. Am besten, man sucht sich einen kleinen Weg aus, den man ganz bewusst langsam geht. Jeden Tag. Das kann das Treppensteigen sein. Es kann der Weg zum Briefkasten sein. Oder der Weg in den Garten. Es kann ein Weg sein, den du sowieso jeden Tag gehst. Es kann aber auch ein Weg sein, den man bewusst als Ritual gestaltet, indem man etwa eine Runde in seinem Garten dreht.

Versuche, ganz langsam zu gehen. Setze Schritt vor Schritt. Spüre mit deinen Händen den Lufthauch. Es ist gut, wenn du dabei für dich allein bist, ohne Zuschauer. Aber indem du extrem langsam gehst, spürst du, was es heißt, ganz im Augenblick zu sein, was es bedeutet, Schritte zu tun, zu gehen, die Welt zu erleben. Du bist ganz in deinem Gehen. Du musst nichts leisten. Du musst dich nicht konzentrieren. Du wirst sehen, dass das extrem langsame Gehen dich innerlich verlangsamt. Wie du in deinem Herzen ankommst. Wenn du das täglich übst, wirst du eine Verwandlung in dir feststellen. Du kannst den langsamen Weg entweder an eine bestimmte Zeit oder an einen bestimmten Ort binden. Dann wirst du jeden Tag etwas von der Verlangsamung deines Lebens spüren. Es wird dir neue Kraft geben auch für die Arbeit, bei der es dann durchaus schnell gehen darf.

QR-Code

Es liegt in meiner Hand

Setze dich ruhig hin und betrachte deine Hände, die du in Form einer Schale vor dich hältst. Was hat Gott dir in die Hände gelegt? Welche Fähigkeiten hat er dir geschenkt? Vielleicht Kraft, Klarheit, Zärtlichkeit, Kreativität, den Mut, anzupacken?

Stelle dir vor, was du schon alles in die Hand genommen, was du angepackt, gestaltet und geformt hast. Und dann schaue in den heutigen Tag hinein. Was kommt da von außen auf dich zu? Was kannst du selbst gestalten? Was möchtest du gerne mit deinen eigenen Händen anpacken, formen und gestalten? Wo möchtest du heute anfangen, dein Leben zu ordnen, zu klären, zu formen? Welche Probleme, die vor dir liegen, kannst du selbst in die Hand nehmen, um sie zu lösen? Bitte Gott, dass er deine Hände segne, damit alles, was du in die Hand nimmst, gesegnet ist und Segen bringt. Gott möge das Werk deiner Hände segnen, damit von deinen Händen Segen ausgeht für dich selbst und für die Menschen, die du berührst, denen du die Hand gibst, und für die du arbeitest.

QR-Code

Inneren Antreibern widerstehen

Setze dich bequem auf einen Sessel. Schließe die Augen und horche in dich hinein! Welche inneren Antreiber melden sich in dir zu Wort? Welche Bilder tauchen in dir auf, die dich belasten und überfordern? Lasse die Antreiber und Bilder ruhig hervortreten. Schaue sie dir an und sprich mit ihnen. Sage ihnen: Ja, du Antreiber, du Bild, du warst eine Zeit lang für mich gut. Du hast mich auf meinem Weg vorangebracht. Aber jetzt möchte ich dich verabschieden. Denn ich spüre, dass du mir jetzt nicht mehr guttust. Du wirst wahrscheinlich öfter noch in mir auftauchen. Ich nehme dich wahr, aber ich entscheide mich jetzt für ein anderes Bild, für andere Worte, die mir heute guttun.

Und dann horche weiter in dich hinein. Entstehen jetzt gute Bilder, die du gegen die negativen Bilder setzen könntest? Und tauchen andere Worte auf, die dir etwas erlauben, anstatt dich anzutreiben?

Wenn keine guten Bilder oder Worte auftauchen, dann überlege dir aktiv: Was könnte mir helfen? Mit welchem Bild möchte ich die negativen ersetzen und mit welchem Wort auf den Antreiber antworten?

QR-Code

Sich abgrenzen und sich schützen

Gerade im beruflichen Alltag ist es oft notwendig, sich vor den Ansprüchen anderer auch zu schützen und Grenzverletzungen und Übergriffe zu verhindern. Das Bild des Sich-Abgrenzens und Sich-Schützens kann durch folgendes Ritual verinnerlicht werden. Das Ritual kann etwa auch vor einer Sitzung geübt werden, um sich vor negativen Einflüssen zu schützen. Ich stelle mich aufrecht hin und verschränke meine Arme über der Brust. Ich schließe gleichsam die Tür und stelle mir vor: In diesen inneren Raum haben jetzt die Menschen, denen ich in der Sitzung begegne, keinen Zutritt. Ich öffne mich emotional diesen Menschen. Aber ich lasse sie nicht in den inneren Raum eindringen. Ich kann dieses Ritual vor einer Sitzung üben und mich dann während der Sitzung immer wieder daran erinnern. Eine Hilfe kann sein, dass ich – ohne dass es die anderen merken – meine Hand entweder auf den Bauch oder die Brust lege oder mit einer Hand die andere berühre. Dann erinnere ich mich: Ich bin jetzt bei mir. Und wenn ich bei mir bin, haben die Menschen keine Macht über mich. Und ich lasse die anderen nicht in meinen innersten Raum eindringen. Es ist ein Schutzritual, das mich gerade in angespannten Situationen vor dem negativen Einfluss von in sich zerrissenen Menschen schützt.

In die Mitte kommen

Das Ritual, zu dem ich dich einladen möchte, kannst du mitten im Trubel des Alltags machen. Entweder in deinem Büro, wenn du das Gefühl hast, dass zu viel auf dich einströmt. Oder im Auto, wenn der Verkehr dich umtost. Oder beim Warten auf den Bus oder auch beim Kochen und bei der Hausarbeit.

Bleibe für einen Augenblick stehen und gehe vom Kopf durch das Herz in den Grund deiner Seele.

Du kannst diesen Grund der Seele nicht im Körper lokalisieren. Aber stelle dir einfach vor, du gehst mit deiner Aufmerksamkeit in den Unterbauch, dorthin, wo der Atem beim Ausatmen stehen bleibt. Achte auf den Augenblick zwischen Ausatmen und Einatmen. Dort geschieht gar nichts. Dort ist reine Stille. Du atmest weder aus noch ein. Du lässt den Atem von allein kommen. In diesem Augenblick zwischen Einatmen und Ausatmen kommst du in den Grund deiner Seele.

Stelle dir vor, dass dort in der Tiefe alles in dir ruhig ist. Und dann beobachte von dieser inneren Ruhe aus alles, was sich außen bewegt: die Anrufe, die Wünsche der Mitarbeiter, die vielen Mails, die auf dich warten, die Fragen der Kinder. Dann halte kurz inne.

Und dann wende dich von deiner Mitte aus von Neuem den Tätigkeiten zu, mit denen du gerade beschäftigt bist.

Du wirst sehen, dass du sie anders vollziehen kannst. Du bist nicht mehr im Hamsterrad, sondern in deiner Mitte.

QR-Code

Innehalten und nachspüren

Es tut gut, mitten in der Arbeit immer wieder einmal innezuhalten und zu spüren: Wie steht es um mich? Bin ich verkrampft oder stehe ich unter Spannung? Oder bin ich gelassen und entspannt? Im Innehalten kann ich die Verspannung nicht nur spüren, sondern auch lösen und loslassen. Ich kann die hitzigen Emotionen abkühlen und das Aufgewühlte in mir zur Ruhe kommen lassen.

Das Innehalten geht so: Ich setze mich für einen Augenblick achtsam hin und spüre in mich hinein. Ich beobachte meinen Atem: Fließt er ruhig und gleichmäßig? Oder ist da eine innere Unruhe zu spüren? Ich achte auf meinen Leib. Wo ist er angespannt? Ich spüre zu meinem Herzen hin: Steht es unter Druck?

Dann kann ich den Atem wieder bewusst ruhiger fließen lassen. Und wenn ich im Herzen Druck spüre, kann ich den Druck loslassen. Innehalten führt also über den Atem und über das Herz und über den Leib in den inneren Raum der Stille, zu dem die Arbeit keinen Zutritt hat. So erfahre ich mitten in der Arbeit einen Freiraum. Dieser Freiraum gibt meiner Arbeit einen anderen Geschmack. Sie verliert das Bedrückende und Überfordernde. Mitten in der Arbeit bin ich ganz bei mir. Und wenn ich bei mir bin, spüre ich keinen Druck von außen. Ich lasse mich auf die Arbeit ein. Aber die Arbeit bestimmt und beherrscht mich nicht. Die Arbeit reißt mich nicht weg von mir. Vielmehr ist sie Ausdruck meiner Seele. Sie fließt aus meinem Innern. Und die Menschen um mich herum werden meine Seele spüren in dem, was ich tue.

Eine Hilfe für das Innehalten ist, wenn ich mir heilende Bilder vorstelle und sie tief in meine Seele »ein-bilde«.

Oft haben wir bei der Arbeit unbewusst negative Bilder in uns. Manche tragen das Bild des Hamsterrades mit sich herum und lassen sich innerlich davon bestimmen. Sie haben den Eindruck, dass der Druck immer größer wird, dass die Arbeit sich immer schneller dreht, dass sie strampeln und strampeln und doch keinen Boden unter die Füße bekommen. Eine Lehrerin erzählte mir, sie habe während ihres Unterrichts oft das Bild der Dompteuse in sich. Das ist auch ein anstrengendes Bild. Ein Priester konnte nicht mehr Gottesdienst feiern, weil er vor seinem inneren Auge immer das Bild mit sich herumschleppte, er stehe am Pranger, alle würden ihn beobachten und nur darauf achten, ob er einen Fehler mache. Andere haben das Bild von Druck, von Kontrolle in sich. Sie fühlen sich bei ihrer Arbeit unter dem Druck, alles in bestimmter Zeit erledigen zu müssen oder aber ihre Arbeit immer perfekt machen zu müssen. Da ist es heilsam, sich beim Innehalten andere Bilder einzubilden.

Ein heilendes spirituelles Bild ist das Bild, das Jesus uns im Johannesevangelium vor Augen hält: das Bild des Weinstocks. Ich bin angeschlossen an den göttlichen Weinstock, an Christus selbst. Jesus sagt: »Wer in mir bleibt und in wem ich bleibe, der bringt reiche Frucht.« (Joh 15,5) Ein anderes Bild ist das der Quelle. Auf dem

Grund meiner Seele sprudelt die unerschöpfliche Quelle des Heiligen Geistes. Wenn ich beim Innehalten in den Grund meiner Seele hineinspüre und mir vorstelle, dass dort diese Quelle strömt, dann bekommt meine Arbeit wieder eine größere Leichtigkeit.

Ein anderes Bild: Ich stehe im Dienst eines Größeren. Ich stehe nicht unter der Peitsche eines Chefs oder unter der Knute von Terminen, die mich antreiben. Ich stehe im Dienst Gottes. Das gibt meiner Arbeit eine neue Dimension und einen anderen Geschmack. Im Innehalten werde ich mir meiner krankmachenden und überfordernden Bilder bewusst und bilde mir heilende Bilder ein. Sie bringen mich in Berührung mit meinem wahren Selbst, mit dem ursprünglichen Bild, das Gott sich von mir gemacht hat. Und wenn ich mit diesem Bild in Berührung bin, dann verwandelt das auch meine Arbeit. Sie ist nicht mehr etwas Fremdes, nichts, was mich mir selbst entfremdet. Sie ist jetzt etwas, das aus mir herausströmt und von meinem eigenen Wesenskern her »beseelt« ist.

Ganz im Tun, ganz bei mir

Nehmen Sie als Ritual eine einfache alltägliche Beschäftigung: Das kann das Bügeln sein, aber auch das Staubsaugen, das Rasenmähen oder das Putzen der Küche. Versuchen Sie, die einfache Tätigkeit achtsam zu vollziehen, ganz in dem zu sein, was Sie gerade tun. Dann werden Sie spüren, dass es keine lästige Arbeit ist, die Sie verrichten müssen. Vielmehr gönnen Sie sich, sich Zeit zu lassen für diese einfache Tätigkeit. Und Sie können beim achtsamen Tun spüren, dass alles zum Symbol wird. Das Reinigen wird zum Bild für die innere Reinigung, das Rasenmähen für das Abschneiden von Überflüssigem in meinem Leben. Wenn ich ganz im Tun bin, dann bin ich ganz bei mir. Ich komme zur Ruhe. Ich kann alles, was mich beunruhigt, vergessen. Dann fühle ich mich frei. Dann wird die Arbeit zur Erholung, zum spirituellen Tun. Es ist dann eine geerdete Spiritualität. Und ich kann erahnen, was Benedikt meint, wenn er in der Regel schreibt, dass der Cellerar alles Gerät des Klosters wie heiliges Altargerät betrachten und behandeln soll. Durch das achtsame Tun wird alles heilig und wertvoll. Und das Einfache wird zur Meditation, die genauso wirksam sein kann wie wenn ich mich zur Meditation allein hinsetze, um zu schweigen.

QR-Code

Heilsame Unterbrechungen

Es gibt während der Arbeit immer wieder kleine heilsame Unterbrechungen. Ich gehe zu einem Kollegen, um etwas zu besprechen. Ich kann jetzt zielgerichtet und möglichst schnell durch den Gang gehen. Dann komme ich gehetzt an. Oder ich benütze den Gang, um mich selbst zu verlangsamen. Ich gehe langsam und habe das Gefühl: Die Zeit gehört mir. Ich genieße es, langsam zu gehen. Ich habe nichts anderes zu tun, als jetzt in diesem Augenblick einfach nur zu gehen.

Es gibt viele andere Möglichkeiten einer solchen heilsamen Unterbrechung.

Bevor ich in eine Sitzung gehe, halte ich kurz inne und versuche, mit mir selbst in Berührung zu kommen. Wenn ich in meiner Mitte bin, wird mich das Gespräch nicht so leicht aus meiner Mitte herausreißen. Wenn ein Telefonanruf kommt, kann ich bewusst den Hörer in die Hand nehmen und mich auf diesen Anrufer einlassen.

Jeder hat seine eigenen kleinen Rituale während der Arbeit. Sie alle sind dazu da, mitten in der Arbeit aufzuatmen und sich selbst wieder zu spüren und Gottes heilende und liebende Nähe mitten in der oft aufdringlichen Nähe von gehetzten Menschen wahrzunehmen.

Ich kenne Psychologen, die nach jedem Gespräch mit einem Klienten ein kleines Ritual machen. Sie öffnen das

Fenster und stellen sich an das offene Fenster, um die frische Luft einzuatmen und all das, was im therapeutischen Gespräch war, auszuatmen und loszulassen. Andere beten kurz für den Klienten. Das entlastet sie vom Grübeln darüber, ob das Gespräch gut war und ob es dem andern wirklich geholfen hat. Und sie segnen den nächsten Klienten. So lassen sie das alte Gespräch los und stellen sich innerlich auf das neue ein. Sie gehen dann mit Gottes Segen in die Begegnung mit dem nächsten Klienten. Das entlastet sie und öffnet sie zugleich für das Geheimnis des Menschen, der jetzt für diesen Augenblicken der wichtigste ist.

Im Gespräch mit Ärzten erfahre ich immer wieder, dass viele sehr darunter leiden, wenn das Wartezimmer voller Patienten ist und sie einen nach dem andern behandeln müssen, damit die Wartezeiten nicht zu lang werden. So können sie zwischendurch gar nicht durchatmen oder »verschnaufen«. Gerade wenn es ununterbrochen mit Gesprächen und Behandlungen zugeht, würden aber kleine heilsame Unterbrechungen nottun. Für den einen Arzt ist es die Mittagspause, die er genießt. Für den anderen ist es das kurze, aber bewusste Aus- und Aufatmen nach jedem Gespräch. Im Atem kommt er wieder mit sich selbst in Berührung. Er kann den eben behandelten Patienten loslassen und stellt sich so bewusst auf den nächsten ein, damit er für ihn ganz da sein kann.

Der Alltag als Übung

Wir können das einfache Tun des Alltags zum Ritual werden lassen. Nehmen Sie in diesem Monat einfach die kleinen Gänge als Übung: den Gang zum Briefkasten, den Gang zum Büro, den Gang zur Toilette als Übung. Normalerweise machen wir uns das Gehen gar nicht bewusst. Wir wollen möglichst schnell zum Briefkasten oder zum Büro des Abteilungsleiters. Doch diese einfachen Gänge werden zur Übung, zum Ritual, wenn ich bewusst langsam gehe. Durch das langsame Gehen verlangsamt sich mein Leben. Ich gelange dann zu mir selbst. Ich komme bei mir an. Im langsamen Gehen nehme ich wahr, was da in mir geschieht. Ich erkenne das Wesen meiner menschlichen Existenz, die darin besteht, dass ich immer auf dem Weg bin. Ich kann nicht stehen bleiben. Ich muss immer weitergehen auf meinem inneren Weg. Und im Gehen kann ich mich frei gehen von vielen Sorgen, die ich mir mache. Im Gehen lasse ich die vielen Gedanken los, die mir durch den Kopf schwirren, die Sorgen, die ich mir um vieles mache. Ich bin einfach im Gehen. Ich genieße es, langsam zu gehen und im Gehen ganz bei mir zu sein. Ich gehe nicht, um an ein äußeres Ziel zu gelangen. Ich gehe vielmehr, um bei mir selbst anzukommen. Aber das Gehen erinnert mich auch daran, dass ich letztlich immer auf Gott zugehe. Ich bin immer auf dem Weg zu Gott. Wenn ich mir das bewusst mache, dann relativieren sich die Probleme, um die ich gerade kreise.

QR-Code

Müdigkeit zulassen und genießen

Gönnen Sie sich, wenn Sie müde von der Arbeit kommen, oder wenn Sie müde sind vom Gespräch oder vom Einkaufen, dass Sie sich für 15 Minuten auf das Bett legen. Stellen Sie den Wecker, damit Sie nicht auf die Uhr schauen müssen. Schließen Sie die Augen. Legen Sie die Hände auf das Herz. Wenn Sie möchten, können Sie beim Liegen das Jesusgebet beten: Beim Einatmen: „Jesus Sohn Gottes" und beim Ausatmen: „erbarme dich meiner". Spüren Sie die Schwere der Müdigkeit und genießen Sie diese Schwere. Sagen Sie sich vor: Jetzt muss ich gar nichts tun. Ich gönne es mir, diese 15 Minuten auf dem Bett zu liegen, ohne dass es etwas bringen muss. Ich bin einfach nur da. Und wenn ich wegdöse, ist es auch gut. Ich stehe nicht unter Druck, einschlafen oder ruhig werden zu müssen. Ich liege einfach nur da und genieße es, nichts zu tun, einfach nur da zu sein. Wenn Bilder kommen, lasse ich sie hochkommen. Ich genieße meine Müdigkeit. Sie lädt mich ein, mir das zu holen, was ich brauche: frei zu sein von dem Erwartungsdruck von außen, frei zu sein von meinem eigenen Druck, dass alles, was ich tue, etwas bringen muss. Das Liegen muss gar nichts bringen. Ich bin einfach nur da. Das genügt.

Ein heiliger Raum

Wenn Sie das nächste Mal in einer Stadt zu tun haben, oder wenn Sie selbst in der Stadt wohnen, dann nehmen Sie sich die Zeit, sich in eine Kirche zu setzen. Vielleicht haben Sie Ihre Lieblingskirche. Versuchen Sie, in diesem Raum einfach still zu werden. Sie können erst einmal den Raum wahrnehmen. Was hat sich der Baumeister gedacht, diese Kirche so zu bauen? Was haben die Künstler mit ihren Bildern und Statuen ausdrücken wollen? Und dann spüren Sie in den Raum hinein und stellen Sie sich vor: In diesem Raum haben seit vielen Jahrzehnten oder sogar Jahrhunderten Menschen gebetet. Hier haben sie Hilfe erfahren in ihren Anliegen. Mit all diesen Menschen können Sie sich verbunden fühlen. So kommen Sie mit den Wurzeln Ihres Glaubens in Berührung. Und zugleich wächst in Ihnen das Vertrauen, dass Sie eine ähnliche Erfahrung von Geborgenheit und Getragensein machen dürfen wie die Menschen in früheren Zeiten. Hier, mitten in der Stadt, inmitten des Trubels und der Geschäftigkeit, ist ein heiliger Raum, ein Raum, der dem Zugriff der Welt entzogen ist, ein Raum, in dem ich selbst heil und ganz werden kann. Und in diesem Raum bin ich umgeben von Liebe, von Barmherzigkeit und von Schönheit. Und in diesem schönen und heiligen Raum kann ich Geborgenheit und Heimat erfahren.

Zeit als Geschenk erfahren

Setze dich in aller Stille hin und versuche, die Zeit wahrzunehmen.
Stille kommt ja von stellen, stehen bleiben.
Wenn du still wirst, dann bleibt auch die Zeit für dich stehen. Dann bist du ganz im Augenblick.
Achte jetzt auf deinen Atem.
Mit jedem Atemzug vergeht die Zeit.
Neue Zeit kommt auf dich zu.
Neue Zeit wird dir geschenkt.
Alte und verbrauchte Zeit rinnt vorüber.
Unversehrte, unberührte Zeit kommt dir entgegen.
Versuche, in der Stille inne zu halten. Versuche, dich innen zu spüren. Im Innehalten wirst du den heiligen Raum in dir spüren. Das Heilige ist nicht nur das, was der Welt entzogen ist. Es ist auch, was der Zeit entzogen ist.

Innehalten heißt, dich an dem festhalten, was jenseits der Zeit ist. Es heißt, dich an Gott festhalten, der alle Zeit übersteigt und der dir jeden Augenblick schenkt. In diesem Innehalten wird die Zeit nicht mehr flüchtig. Sie wird dich nicht mehr auffressen, sondern sie kommt dir als unberührte kostbare Zeit entgegen.
Leben ist jetzt in diesem Augenblick in der Zeit.
Sie gehört dir. Sie ist ein Gottes-Geschenk. Denn Er ist der Ursprung aller Zeit.

QR-Code

Druck loslassen

Nimm dir ein paar Augenblicke Zeit. Stelle dir vor: Ich muss jetzt gar nichts tun. Ich bin einfach ganz im Augenblick. Dieser Augenblick gehört mir. Ich lebe darin. Und wenn ich jetzt wieder an die Arbeit gehe, dann versuche ich auch, ganz im Augenblick zu sein, ganz in dem Gespräch, das ich gerade führe, ganz im Schreiben der Mails, ganz beim Telefonieren. Ich lasse mich weder beim Gespräch, noch beim Schreiben, noch beim Telefonieren unter Druck setzen. Ich wende mich ganz dem Augenblick zu. Probiere das immer wieder aus. Du tust eins nach dem andern und denkst beim einen nicht schon an das andere. Das nimmt dir allen Druck, schon an das Nächste zu denken. Das befreit dich auch von dem Druck, alles auf einmal erledigen zu müssen. Du bist jetzt in diesem Augenblick, und du tust nur, was du diesem Augenblick schuldest. Ganz im Augenblick zu sein, kann man üben, dazu brauche ich keine eigene Zeit. Ich muss nur ganz bewusst einen Schritt vor den anderen setzen. Wenn ich die Tür zum Büro aufmache, dann gibt es nichts Wichtigeres als dieses. Ich nehme wahr, was ich tue. Ich betrete mein Büro. Ich setze mich an den Schreibtisch. Ich nehme die Dinge in die Hand, schalte den PC ein und erledige eins nach dem anderen. Das heißt nicht, dass ich alles langsam tue. Ich achte nur darauf, dass ich mich nicht in Hektik treiben lasse. Aber wenn ich eins nach dem anderen erledige, werde ich im Übrigen von selbst schnell und effektiv arbeiten.

Schwellenrituale

Früher gab es Schwellenrituale, die mit Reinigung zu tun hatten. Man stolperte nicht einfach in das Haus hinein. Man nahm Weihwasser und bekreuzigte sich damit: die Stirn, den Unterbauch, die linke und rechte Schulter. Damit drückte man aus: Ich reinige mein Denken, das noch durch die Arbeit getrübt ist. Ich reinige meine Vitalität von destruktiven Gefühlen wie Ärger und Wut. Ich reinige das Unbewusste, in dem sich verdrängte Gefühle festgesetzt haben. Und ich reinige das Bewusste, das Handeln, damit ich jetzt klar und richtig handle. Wer dieses alte Schwellenritual bewusst vollzieht, wird spüren, dass es ihm guttut.

Es gibt andere Schwellenrituale, die eine Art Grenzziehung gegenüber den belastenden Erfahrungen des Tages sind: Ich trete ganz bewusst über die Schwelle meines Hauses. Ich freue mich, daheim zu sein. Ich nehme die Atmosphäre des Hauses wahr. Und ich mache mir bewusst: Ich will diesem Haus Frieden bringen. Ich will mich ganz auf die Menschen einlassen, denen ich jetzt in diesem Hause begegne. Jesus hat seinen Jüngern dieses Schwellenritual empfohlen: »Wenn ihr in ein Haus kommt, so sagt als erstes: Friede diesem Haus!« (Lk 10,5)

Jeden Tag kommt etwas auf uns zu, was uns herausfordert, jeden Tag müssen wir Schwellen überschreiten.

Ein Ritual für jeden Tag:

Nehmen Sie bewusst die Schwellen wahr, die Sie überschreiten, die Schwelle aus Ihrem Haus ins Freie, die Schwelle zu Ihrer Firma, in der Sie arbeiten, die Schwelle zum Laden, in dem Sie einkaufen, die Schwelle in das Haus, in dem Sie jemanden besuchen. Nehmen Sie aber auch die inneren Schwellen wahr, vor denen Sie stehen und die Sie gerade überschreiten. Vielleicht ist es die Schwelle der Lebensmitte, die Schwelle zum Älterwerden, die Schwelle zur Krankheit oder zur Gesundheit, die Schwelle des Todes. Und segnen Sie diese Schwellen, damit das, was Sie jenseits der Schwelle erwartet, für Sie zum Segen wird. Und segnen Sie die Schwellen, damit Sie selbst Segen bringen, wenn Sie die Schwelle überschreiten.

6

Halt in schwerer Zeit.

Begleitung und Beistand in Trauer

Die Trauer stürzt uns in ein emotionales Chaos. Die Rituale bringen eine Form in unsere Trauer. Indem wir etwas tun, kann sich die Trauer wandeln. Die Rituale drücken nicht nur unsere Liebe zum Verstorbenen aus, sondern geben unserer Trauer auch eine Struktur. Es gibt kaum einen Tod, der nicht durch offizielle Rituale verarbeitet wird. Die Kirche feiert ein Requiem für den Verstorbenen. Und dann gibt es die kirchliche Beerdigung auf dem Friedhof mit ihren festen Ritualen. Die Rituale wollen die Trauer nicht zudecken, sondern verwandeln. In der Religionspsychologie spricht man von Übergangsriten. Sie haben die Aufgabe, den Übergang des Verstorbenen von der irdischen Welt zur himmlischen Welt und die Trennung vom Verstorbenen und zugleich die Verbindung zu ihm darzustellen.

Die Rituale werden jeweils anders sein, wenn alte Eltern gestorben sind oder aber der Ehepartner in der Blüte seines Lebens, wenn jemand plötzlich und unerwartet gestorben ist oder nach längerer Krankheit. Es wird anders sein, wenn Geschwister oder Kinder sterben, ein alter Mensch oder ein junger, und auch je nachdem, ob der Tod gewaltsam kam, durch einen tragischen Unfall oder nach langem Leiden, oder ob er friedlich zu einem »lebenssatten« Menschen kam.

Für uns haben die Rituale die Aufgabe, unsere Trauer zum Ausdruck zu bringen und sie zugleich zu verwandeln. Der Verstorbene braucht sie nicht, denn er ist in Gottes guten Händen. Aber wir brauchen sie, um gut Abschied nehmen und daran glauben zu können, dass der Verstorbene bei Gott ist und dass er uns von Gott her zum Segen wird.

Das Gebet für den Verstorbenen

Unmittelbar nach dem Tod ist es für viele Angehörige ein Bedürfnis, am Sterbebett zu beten. Sie beten Psalmen oder den Rosenkranz. Sie erinnern sich dabei, wie der Verstorbene etwa das Vaterunser gebetet hat. Und so begleiten sie den Verstorbenen im Gebet, damit der Übergang gut gelingt, dass er sich in der Begegnung mit Gott in die Liebe Gottes hinein loslässt. In vielen Gegenden ist es üblich, am Tag vor der Beerdigung einen Sterberosenkranz zu beten. Die Verwandten und Freunde kommen in der Kirche zusammen, um gemeinsam für den Verstorbenen zu beten. Das Gebet für den Verstorbenen ist Ausdruck unserer Liebe zu ihm. Wir beten für ihn, dass seine Begegnung mit Gott gelingt, dass er sich in die Liebe Gottes hinein ergibt. Und so sind auch die Rituale unmittelbar nach dem Tod – einschließlich der Beerdigung – ein Abschiednehmen vom Verstorbenen. Wir können nicht nur in Gedanken Abschied nehmen. Wir haben das Bedürfnis, ein Abschiedsfest zu feiern. Das Ritual der kirchlichen Beerdigung ist ein solches Abschiedsfest. Wir sollten es so gestalten, dass es für uns und für den Verstorbenen stimmt.

Das eigene Zeitmaß

Auch die Rituale haben ihr eigenes Zeitmaß. Sie berücksichtigen die Verwandlung der Trauer durch die Zeit. In der christlichen Tradition beten wir 40 Tage für den Verstorbenen. Dann wandelt sich unser Gebet. Es wird zu einem Gedenken an den Verstorbenen. Im Gebet erfahren wir die Gemeinschaft mit ihm, und wir können ihn bitten, dass er bei Gott für uns eintritt und uns von Gott her begleitet und für uns zum Segen wird. Und so ist es üblich, sechs Wochen nach dem Tod eine Eucharistie für den Verstorbenen zu feiern, das sogenannte Sechswochenamt. Es schließt die erste Phase der Trauer ab. In dieser Eucharistiefeier erleben wir die Gemeinschaft mit dem Verstorbenen. Wir schließen ihn nicht aus unserem Leben aus, sondern integrieren ihn.

Den Abschied feiern

Rituale sind nicht nur allgemeiner, sondern immer konkreter Ausdruck der Liebe zu einem bestimmten Verstorbenen. Wir sollen den Trauernden Mut dazu machen, dass sie ihre ganz persönliche Art und Weise entwickeln, ihre Trauer auszudrücken. Das kann sich darin zeigen, wie sie den Sarg gestalten, wie sie die Trauerfeier planen und durchführen, wie sie im Kreis ihrer Familie Abschied nehmen wollen vom Verstorbenen, um der Einmaligkeit dieses Verstorbenen durch ihre Trauer und ihre Abschiedsfeier gerecht zu werden. In die Abschiedsfeier können sie all ihre Liebe zum Verstorbenen hineinlegen. Deshalb soll man diese Abschiedsfeier gemeinsam mit den Hinterbliebenen gut und liebevoll vorbereiten.

Als meine Mutter gestorben ist, habe ich mit meinen Geschwistern darüber gesprochen, wie wir den Gottesdienst für die Mutter gestalten wollen. Meine Geschwister erzählten, welche Lieder meine Mutter gerne gesungen hat. Sie hatte die Lieder in der Werktagsmesse immer angestimmt und oft auch daheim manche Lieder bei der Arbeit vor sich hin gesummt. So haben wir ihre Lieblingslieder ausgesucht. In der Einführung zum Gottesdienst habe ich das dann auch gesagt: »Wir singen jetzt die Lieder, mit denen meine Mutter ihren Glauben ausgedrückt hat, Lieder, die ihr geholfen haben, in Fröhlichkeit zu ertragen, was ihr als Leid zugemutet wurde. Und wir vertrauen darauf, dass sie jetzt diese Lieder im Himmel mit uns singt, jetzt nicht mehr als Glaubende, sondern als Schauende.«

In unserem Konvent haben wir das Ritual, dass wir am Abend des Beerdigungstages eine Erzählrunde machen. Wer will, erzählt von seinen Erfahrungen und Eindrücken mit dem verstorbenen Mitbruder. Das ist eine Würdigung des Mitbruders, aber es tut auch der Gemeinschaft gut. Ein anderes Ritual: 30 Tage lang brennt eine Kerze am Platz des Verstorbenen im Speisesaal. Und 30 Tage lang beten wir in der Mittagshore eine Fürbitte für ihn. So wird der Verstorbene nicht vergessen. Beim Abendessen werden jeweils die Verstorbenen unseres Klosters verlesen, deren Jahrestag an der Reihe ist. Dabei gedenken wir der Verstorbenen, wie sie die Chronik des Klosters seit dem Jahre 1100 uns überliefert hat. So werden wir jedes Jahr an verstorbene Mitbrüder erinnert. Sie leben weiter in unserem Gedächtnis. Dabei gibt es im Kreuzgang einen Ort, an dem die Verstorbenen des jeweiligen Tages aufgeschrieben mit ihrem Sterbebild vergegenwärtigt sind. Indem wir die Bilder anschauen, werden die Verstorbenen für uns wieder präsent. Sie gehören zu uns. Wir leben aus den Wurzeln, die sie für uns darstellen.

Ein Brief an den Verstorbenen

Wir können den Trauernden auch Rituale empfehlen. Wenn ich Trauerkurse halte, gebe ich den Teilnehmern die Aufgabe, an den Verstorbenen einen Brief zu schreiben. In diesem Brief soll der Trauernde alle seine Gefühle zum Ausdruck bringen, den Dank für das gemeinsame Leben, die Bitte um Vergebung. Und er kann all das hineinschreiben, was er während seines Lebens gerne gesagt hätte und doch nicht gesagt hat. Nach 20 Minuten soll er dann auch einen Brief des Verstorbenen an sich selbst schreiben. Manche meinen, das seien doch ihre Gedanken, die sie schreiben. Ich antworte dann: »Natürlich schreiben Sie den Brief. Aber vertrauen Sie darauf, dass Sie Worte schreiben, die aus einer Tiefe kommen, die Sie sonst im Alltag nicht erreichen.« Bei einem dieser Kurse war unter den Teilnehmern eine Frau, deren Mutter vor einem halben Jahr gestorben war. Sie hatte eine schlechte Beziehung zur Mutter und fühlte sich immer noch von ihr verletzt und abgelehnt. Als diese Frau den Brief der Mutter an sich selbst schrieb, staunte sie, als sie auf einmal die Worte geschrieben hatte: »Es tut mir leid, dass zwischen uns soviel schiefgelaufen ist. Du sollst aber wissen, dass ich dich immer geliebt habe.« Diese Worte haben die Frau mit ihrer Mutter versöhnt. Sie hat auf einmal ihre Mutter verstanden in ihrer Hilflosigkeit, ihre Liebe zur Tochter angemessen zeigen zu können.

Der Tränenkrug

Beim Kurs für verwaiste Eltern lasse ich in der ersten Gesprächsrunde jeden erzählen: »Woran ist mein Kind gestorben? Wie alt war es? Wann ist es gestorben?« Wenn alle Eltern vom Tod ihrer Kinder erzählen, gibt es viele Tränen. Und im Raum ist eine Atmosphäre großer Traurigkeit. Dann beende ich die Erzählrunde mit dem Ritual des Tränenkrugs. Ich hebe einen Krug mit Wasser hoch. Es sind die Tränen, die wir um unsere Kinder geweint haben und immer noch weinen. Ich halte sie Gott hin, damit er meine Tränen der Trauer verwandle in Tränen, die mein Leben befruchten, die Neues in mir aufblühen lassen und die mich reinigen von allen Trübungen in meiner Trauer und mich befreien von allem Festklammern am Verstorbenen. Ich halte meine Tränen schweigend Gott hin, mit der Bitte, dass er sie verwandle. Dann trete ich mit dem Tränenkrug vor meinen Nachbarn und überreiche ihm den Krug, den er dann schweigend Gott hinhält und dem Nächsten weitergibt. Wenn der Krug von allen Gott hingehalten worden ist, verwandelt sich die Stimmung im Raum. Auf einmal ist eine Ahnung von Trost spürbar. Ein solches Ritual wirkt tiefer als fromme Worte.

Beim Tod eines Kindes

Der Sohn unseres früheren Buchhändlers starb mit 20 Jahren bei einem Autounfall. Der Vater lud mit mir auch die Freunde und Freundinnen seines Sohnes ein, um am Abend vor der Beerdigung zu erzählen, was ihnen an Dominik wichtig war, was er leben wollte, woran sie sich erinnerten. Der Vater meinte, die Beerdigung sei das letzte Abschiedsfest für seinen Sohn, und er wolle, dass es stimmig gefeiert werde. Trotz des großen Schmerzes hatte der Vater das Bedürfnis, zum Abschluss des Gottesdienstes »Großer Gott, wir loben dich« zu singen. Wir feierten die Eucharistie nicht in der großen Abteikirche, sondern in der Krypta. Die Erwachsenen nahmen in den Bänken Platz, die Jugendlichen setzten sich auf den Boden. So entstand eine intime Atmosphäre. Die Jugendlichen trugen ihre Fürbitten vor und spielten das Lieblingslied von Dominik. Sie hatten auch ein Kreuz gezimmert, das sie dann am Unfallsort aufstellten.

Nicht immer ist die Familie nach dem Tod eines Kindes fähig, die Beerdigung durch eigene Rituale zu gestalten. Sie soll sich auch nicht unter Druck setzen. Manchmal aber findet die Familie später zu Ritualen, die ihrer Trauer um das Kind entsprechen. Sie stellen – ähnlich wie wir Mönche es tun – 30 Tage lang eine Kerze an seinen Platz am Essenstisch. Und während der Mahlzeit zünden sie die Kerze an. Oder sie laden die Geschwister des verstorbenen Kindes ein, ihrer Trauer Ausdruck zu geben, etwas zu malen oder zu basteln und es in den Sarg zu legen oder ins Grab zu werfen.

Ein Pfarrer erzählte mit von einem tragischen Unfall auf dem Bauernhof. Der Vater fuhr mit dem Traktor rückwärts und übersah den vierjährigen Sohn. Der Tod des Sohnes erfüllte vor allem den Vater mit tiefen Schuldgefühlen. Bei der Mutter kamen trotz allen Bemühens immer wieder auch Gedanken hoch, in denen sie ihrem Mann vorwarf, dass er nicht richtig aufgepasst habe. Der Pfarrer hielt am Jahrestag des tragischen Unfalls auf dem Hof jeweils eine Eucharistiefeier. Er schilderte, wie diese Eucharistiefeier all die unterdrückten Vorwürfe und Schuldgefühle immer wieder verwandelte und den Sohn in die Familie integrierte. Er wurde nicht totgeschwiegen, sondern als Mitglied der Familie lebendig gehalten. Man dachte nicht mehr mit Schuldgefühlen an ihn, sondern mit Dankbarkeit an das Kind, das die Eltern für immer mit seinem Lächeln beschenkt hat.

Beim Tod eines Elternteiles

Zu den weitverbreiteten Ritualen gehört der Leichenschmaus. Manchmal entartet dieser Leichenschmaus, vor allem dann, wenn zu viel Alkohol getrunken wird. Man kann den Leichenschmaus bewusst gestalten, indem jeder eingeladen wird, etwas zu erzählen, was ihm zum Verstorbenen einfällt. Oder die Kinder bringen ein Bild des Verstorbenen mit und stellen es auf den Tisch. Oder aber sie bringen ein Symbol mit, das für den Verstorbenen wichtig war oder das sein Wesen zum Ausdruck bringt. Und bevor das Mahl beginnt, kann man dieses Symbol erklären. Dann ist der Vater oder die Mutter im Raum auf ihre Weise präsent.

Natürlich gehört es zum Ritual der Hinterbliebenen, dass sie das Grab der Eltern besuchen und pflegen. Indem sie wöchentlich auf den Friedhof gehen, die Blumen gießen und das Unkraut herausreißen, drücken sie ihre Liebe zu den verstorbenen Eltern aus. Eine Frau erzählte mir, dass sie nach dem Tod ihrer Mutter nicht trauern konnte, weil zu viele Verletzungen ihr Herz mit Bitterkeit erfüllte. Doch nach einem Jahr, in dem sie ihre Beziehung zur Mutter bearbeitet hatte, ging sie zum Friedhof, gestaltete das Grab völlig neu, stellte eine Kerze auf und zündete sie an. Das war für sie ein Ritual der Versöhnung mit ihrer Mutter. Ab diesem Zeitpunkt ging es ihr selbst besser. Sie war versöhnt mit ihrer Mutter, und jetzt konnte sie wirklich trauern. Sie konnte die Mutter loslassen und zugleich dankbar an das zurückdenken, was sie an guten Wurzeln ihr verdankte.

Rituale für Kinder

Vor einigen Jahren musste ich einen Kurs über Trauerrituale für Kinder halten. Der Kurs fand statt, weil kurz zuvor bei einem Unglück in Kaprun in Österreich viele Kinder umgekommen waren. Im Gespräch mit den Erzieherinnen und Lehrern, aber auch durch das Studium von Büchern wurde mir bewusst, wie wichtig für Kinder die Rituale der Trauer sind. Kinder sind oft überfordert mit der Trauer. In den Ritualen sind die Kinder selber aktiv: Sie malen ein Bild. Sie schreiben einen Brief an den Verstorbenen. Sie verzieren eine Kerze. Dann werfen sie ihr Bild oder ihren Brief in das Grab hinein. Oder sie basteln etwas, das sie mit dem Opa oder der Oma verbindet und werfen das in das Grab. Kinder müssen etwas tun, damit sich ihre Trauer verwandelt. Sie können die Trauer nicht rein gedanklich oder emotional bewältigen. Ein Gefühlsstau in ihnen wäre aber problematisch, denn der führt entweder dazu, dass sie gerade das Gegenteil zeigen, dass sie z. B. am Grab herumkaspern. Oder aber dass sie sich verschließen.

Ein Beispiel, wie ein Kind sein Trauer durch ein Ritual verwandelt: Mein Vater starb plötzlich an einem Samstagabend beim Essen. Mein Bruder kam mit seinen Kindern dazu. Seine fünfjährige Tochter Johanna schrie vor Schmerz auf. Sie hatte eine gute Beziehung zu ihrem Opa gehabt. Am nächsten Tag – einem Sonntag – ging Johanna zu meiner Mutter und sagte ihr: »Oma, ich gehe jetzt mit dir in die Kirche, da du keinen Opa mehr hast.« Indem sie anstelle des Opas meine Mutter begleitete, verwandelte sich ihre Trauer. Ihre Trauer floss in ein neues Verhalten hinein. Das tat ihr gut und war für meine Mutter ein Segen.

In der Trauer fühlt sich das Kind allein. Das Ritual gibt ihm Anschluss an die Gemeinschaft. Es bekommt eine neue Rolle in der Gemeinschaft und fühlt sich so auf neue Weise aufgehoben. Die Trauerrituale der Kinder zeigen verschiedene Aspekte: Da gibt es Abschiedsrituale, die es dem Kind ermöglichen, Abschied vom verstorbenen Menschen zu nehmen. Dann gibt es Entlastungsrituale, die dem Kind helfen, mit seinen Schuldgefühlen umzugehen. Es gibt Erinnerungsrituale, die es dem Kind ermöglichen, den Kontakt mit dem Verstorbenen aufrechtzuerhalten. Indem sie z. B. mit einem Gegenstand des Verstorbenen spielen, versetzen sie sich in ihn, nehmen ihn wahr, erfahren ihn als inneren Begleiter. Und es gibt die Rituale, die dem Kind unmittelbar helfen, die Trauer und den Schmerz zu verarbeiten. Alle diese Aspekte sind oft zugleich präsent, wenn das Kind ein Trauerritual feiert.

Teilnahme an der Beerdigung

Ich möchte einige Rituale beschreiben, die für Kinder hilfreich sind. Die Frage, ob sie an einer Beerdigung eines nahen Menschen teilnehmen sollen, taucht immer wieder auf. Kinder werden oft von der Beerdigung ferngehalten. Doch damit nimmt man dem Kind die Möglichkeit, Abschied vom Verstorbenen zu nehmen. Das Kind soll jedoch freiwillig an der Beerdigung teilnehmen. Wenn es Widerstand leistet, ist der ernst zu nehmen. Denn dann schützt sich das Kind vor einer Trauer, die es jetzt zu diesem Zeitpunkt überfordern würde. Man sollte dem Kind sagen, was es bei der Beerdigung erwartet. Man kann mit ihm über den Ablauf der Feier sprechen und das Kind auf die Rituale vorbereiten und sie ihm erklären. Das Kind braucht eine Bezugsperson bei der Beerdigung und oft auch körperliche Nähe. Wenn es Fragen hat, soll man sofort antworten und nicht meinen, das würde die Feier stören.

Wichtig wäre auch, das Kind einzuladen, bei der Beerdigung auf seine Weise Abschied zu nehmen. Ein Kind, das mit seinem Vater gerne Drachen steigen ließ, nahm den Drachen mit zur Beerdigung und warf ihn auf den Sarg des verstorbenen Vaters. Das war sein Ritual, vom Vater Abschied zu nehmen.

Ein Abschiedsritual entlastet das Kind. Es gibt ihm das Gefühl, seine Liebe ausdrücken zu können.

Eine andere Möglichkeit, den eigenen Abschied in die Beerdigungsfeier einzubringen, wäre: den Sarg des verstorbenen Vaters, der verstorbenen Mutter zu bemalen. Oder selbst gemalte Bilder mitzubringen und sie in das Grab zu werfen. Eine Kindergartengruppe bemalte 100 Luftballons, um sie beim Begräbnis des vierjährigen Lukas in den Himmel steigen zu lassen. Lisa schrieb einen Abschiedsbrief an ihren Großvater, steckte ihn in ein Kuvert und legte ihn in den Sarg.

In der Trauerzeit

Für Kinder ist es wichtig, das Grab eines verstorbenen Menschen zu besuchen. Es ist ein wichtiger Ort der Erinnerung. Die Trauer braucht einen Ort, an dem sie sich ausdrücken kann. Wichtig ist, dass das Kind das Grab auf seine persönliche Weise gestalten kann, dass es selber die Blumen pflanzt und pflegt, dass es Gegenstände mitbringt, die ihm wichtig sind, Gegenstände, die an den Toten erinnern oder mit denen das Kind seinen Glauben an die Auferstehung ausdrückt. Es kann Bilder der Auferstehung auf das Grab legen. Aber wenn das Kind nicht gerne zum Friedhof gehen möchte, soll man es nicht drängen. Dann zeigt es, dass es damit überfordert wäre.

Kinder sollen Fotos vom verstorbenen Menschen aufstellen oder Bilder von ihm malen und in ihr Kinderzimmer hängen. Sie können diese Bilder schmücken oder selbst einen Rahmen dafür basteln. Kerzen sind immer ein schönes Trauerritual. Man zündet für den anderen eine Kerze an, um für ihn zu beten. Man kann auch die Vorstellung vermitteln: Solange die Kerze brennt, geht das Gebet zum Himmel. Die Kerze kann aber auch Bild sein für den Verstorbenen, dessen Licht jetzt im Himmel leuchtet und zu uns herabscheint.

Die Gestaltung der gemeinsamen Feiertage ist wichtig, etwa die Feier des ersten Weihnachtsfestes ohne den verstorbenen Bruder, die Feier von Ostern, die Feier des

Geburtstages oder Namenstages des Verstorbenen. Das Kind könnte ein Weihnachtsgeschenk für den Verstorbenen aussuchen oder etwas malen oder eine Kerze für den Verstorbenen basteln und sie unter dem Christbaum anzünden, als Zeichen, dass er auch mitfeiert. Ein Austausch und Gespräch über den Verstorbenen kann guttun: »Wie feiert er jetzt das Fest im Himmel? Was fehlt uns? Was hat er immer beigetragen zum Fest? Wie hat er sich gefreut?« Erinnerungen werden ausgetauscht. Das Kind kann auch ein Gedicht oder Gebet für den Verstorbenen schreiben und es vorlesen.

An den Geburtstagen oder Namenstagen kann das Kind ins Freie gehen, um Blumen zu pflücken, einen Strauß für den Verstorbenen zu machen. Gehen und Sich-Bewegen sind immer gut, um die eigene Trauer zu verarbeiten. Ein gutes Trauerritual wäre auch, einen Baum im Garten zu pflanzen, etwa einen Mutterbaum, wenn die Mutter gestorben ist. Der Baum wird die Erinnerung an den verstorbenen Menschen immer wachhalten. Unter diesem Baum kann man singen und tanzen und spielen. Kinder gehen zu dem Baum auch, um ihre Wut, ihren Schmerz, ihre Einsamkeit auszudrücken. Sie haben einen Ort für ihre Trauer. Jahrestage und Geburtstage des Verstorbenen können dann zu einem Baumfest werden.

Auch Erinnerungsrituale sind für Kinder wichtig. Als Erinnerungsritual dient Kindern vor allem das Spielen. Sie spielen die Spiele, die sie mit dem Verstorbenen gespielt haben, nun mit anderen Kindern oder mit dem überlebenden Elternteil. Spielen ist eine Weise, die Erinnerung aufrechtzuerhalten und zugleich Abschied zu nehmen. Oder die Kinder spielen mit den Spielsachen des verstorbenen Bruders oder mit Gegenständen der verstorbenen Großmutter. Sie beschäftigen sich mit dem Gegenstand und entwickeln ihre eigenen Spiele. Kinder sind kreativ und agieren in ihren eigenen Spielen die Trauer aus, aber zugleich spielen sie die Beziehung zum anderen. Alles, was im erwachsenen Trauerprozess geschieht: Abschied, Schmerz, Trauer, Wut, und dann schließlich eine neue Kontaktaufnahme, damit der Verstorbene zu einem inneren Begleiter wird, das agieren Kinder in ihrem Spiel aus.

Eine andere Möglichkeit wäre, die Tätigkeiten zu tun, die der Verstorbene getan hat. Auch das ist eine Weise der Verinnerlichung. Der Junge entdeckt, dass er die gleichen Fähigkeiten hat wie die Großmutter, dass er genauso gut Blumen stecken kann oder genauso gut das Feld umgraben kann wie die Großmutter. Er übernimmt einen Teil von ihr und bleibt auf diese Weise mit ihr in Verbindung.

Rituale haben für Kinder den Sinn, Entlastung von Schmerz und von Schuldgefühlen zu erfahren. Auch Kinder leiden unter Schuldgefühlen. Deshalb brauchen sie Entlastungsrituale, damit sie sich nicht in ihren Schuldgefühlen vergraben. Zur Entlastung dient auch, wenn sie dem Verstorbenen etwas schenken, wenn sie etwas aufs Grab legen, das ihnen lieb und teuer ist. Das ist Ausdruck der Liebe und befreit sie von dem Schuldgefühl, dass sie mit dem verstorbenen Bruder so oft gestritten haben.

Erinnerung stiftet Gemeinschaft

Es ist gut, wenn wir Gedenktage feiern, an denen wir uns bewusst an die Verstorbenen erinnern und die Gemeinschaft mit ihnen erfahren. Da ist etwa der Sterbetag. Es ist ein guter Brauch, an diesem Tag für den Verstorbenen eine hl. Messe zu feiern. Wir brauchen dabei nicht zu bitten, dass der Verstorbene zu Gott kommt. Wir dürfen vertrauen, dass er bei Gott ist. Aber die Eucharistie verbindet uns mit ihm. Denn in der Feier von Tod und Auferstehung Jesu wird die Grenze zwischen Himmel und Erde, zwischen Leben und Tod aufgehoben, und wir dürfen die Gemeinschaft mit den Verstorbenen erfahren. Und da ist der Allerseelentag, an dem wir auf dem Friedhof all der Verstorbenen gedenken, die wir gekannt haben. In unserer Familie war das immer ein schönes Familienfest. Nach dem Friedhofsgang kam man noch zum Kaffeetrinken zusammen, tauschte sich aus und genoss die Gemeinschaft. Und es gibt schöne Rituale, die uns an die Verstorbenen erinnern. An seinem Todestag zünden wir eine Kerze an. An Weihnachten stellen wir eine brennende Kerze an die Krippe, um zu bekunden, dass der Verstorbene mit uns Weihnachten feiert, aber auf eine andere Weise. Er feiert jetzt das Geheimnis der Menschwerdung Gottes, indem er das Antlitz des verherrlichten Jesus Christus für immer schaut. Wir feiern es als Glaubende und nicht als Schauende. Aber das Schauen des Verstorbenen könnte auch unsere Augen öffnen, damit wir etwas erahnen vom Geheimnis, das unser Leben ausmacht.

QR-Code

Nichts festhalten

Wenn die Trauer dich überkommt, nimm dir einmal für folgende Übung Zeit:

Ich setze mich auf eine Bank und nehme wahr, was ich beobachte. Ich höre das Rauschen des Windes. Ich spüre die Sonne auf meiner Haut. Ich mache mir den Augenblick bewusst. Aber zugleich werde ich mir bewusst: Dieser Augenblick lässt sich nicht festhalten. Ich kann ihn nur wahrnehmen, wenn ich bereit bin, ihn auch loszulassen. Die Sonne lässt sich nicht festhalten. Sie wandert. Sie versteckt sich hinter Wolken und kommt wieder hervor. Der Wind ist in jedem Augenblick anders. Wir können nichts festhalten.

Abschiedlich leben

Setze dich in dein Zimmer und schaue es genau an. Denke daran: Von all dem werde ich einmal Abschied nehmen. Ich kann es nicht mitnehmen. Nach mir werden andere diesen Raum bewohnen. Aber indem ich darum weiß, kann ich alles noch einmal bewusst wahrnehmen: Was gibt mir hier Geborgenheit? Was habe ich in diesem Raum alles erlebt? Was hat mich hier geprägt? Wer bin ich hier geworden? Wer bin ich jetzt?

Und dann kannst du dir vorstellen, dass du mit deinem wahren Selbst all das überlebst. Du wirst mit Deinem wahren Selbst zu Gott kommen. Und in Gott wird es erst ganz aufleuchten, so wie es von Gott gedacht war. Aber zu deinem wahren Selbst gehört auch, dass du dich an nichts festklammerst, dass du ganz frei bist. Du gehörst Gott. Und du wirst nur zu Gott kommen, wenn du alles loslässt, was dich innerlich bindet und einengt.

Vielleicht kannst du durch diese Meditation etwas erahnen von der inneren Freiheit, aber auch von deinem wahren Selbst. Und du kannst spüren, was es heißt: abschiedlich zu leben, bewusst noch einmal wahrzunehmen, was mir das Hier und Jetzt bedeutet, und zugleich wissen, dass das Hier und Jetzt einmal verschwindet und einmündet in das ewige Jetzt, in der es nicht mehr um Haben geht, sondern nur noch um das Sein: das Sein in Gott und in allen Menschen, mit denen du dich dann in Gott verbunden weißt.

Ich nehme dankbar wahr, was ich erlebe. Und trotzdem lasse ich jeden Augenblick wieder los. Ich danke für das, was ich wahrnehme, ohne es festhalten zu wollen. Ich bin bereit, das, was ich erlebe, auch zu verabschieden.

QR-Code

7

Mein Leben segnen.

Heilige Zeichen und Symbole

Wenn ich einen Kurs in unserem Gästehaus gebe, lade ich die Teilnehmer immer ein, bei der gemeinsamen Eucharistiefeier Gegenstände auf den Altar zu legen, die ich dann segnen werde. Das Segnen von Gegenständen hat nichts mit Magie zu tun. Es will uns einfach daran erinnern, dass Gott auch durch die Dinge zu uns spricht. Jesus selbst nennt sich die Tür, die zum Leben führt, oder er bezeichnet sich als das Brot, das uns nährt. Die gesegneten Gegenstände erinnern uns daran, dass Gott auch in unserem Alltag uns mit seinem Segen umgibt. Für viele Menschen ist es ein Bedürfnis, in schwierigen Situationen einen heiligen Gegenstand in ihren Händen zu halten, etwa ein Kreuz oder einen Engel. Kranke etwa wollen gerne etwas in die Hand nehmen. Sie wollen berührt werden, um Gottes heilende und liebende Nähe zu erfahren.

Ein anderes Bedürfnis ist, die Beziehung zu Gott in konkreten Gebärden zum Ausdruck zu bringen. In den Gebärden erleben wir uns selbst auf neue Weise. Natürlich können solche Zeichen – wie etwa Weihwasser nehmen, wenn wir eine Kirche betreten, oder eine Kniebeuge oder ein Kreuzzeichen machen –, leer werden. Aber bevor wir sie ganz aufgeben, wäre es besser, sich bewusst zu machen, was sie zum Ausdruck bringen. Und dann könnte ich sie bewusster vollziehen und erfahren, dass sie mir guttun, dass sie mich immer mehr in meine wahre Gestalt hineinformen. So möchte ich einige Rituale, wie sie früher üblich waren, beschreiben: als Einladung, selbst zu probieren, ob sie uns tiefer in das Geheimnis unseres Menschseins und unseres Christseins hineinführen.

Das Weihwasserritual

Am Eingang jeder Kirche ist ein Weihwasserbecken. Du kannst Dir auch aus der Kirche Weihwasser mitnehmen und es in ein Gefäß neben Deiner Haustüre gießen. Dann kannst Du Dir vorstellen, dass Du Dich jedes Mal, wenn Du von draußen nach Hause kommst, reinigst: von allem Ärger, von Konflikten und von trübenden Emotionen und Worten. Du kannst auch bewusst nachvollziehen, was dieser Ritus, sich mit dem Weihwasser zu bekreuzigen, eigentlich möchte: Er will mich an das Geheimnis der Taufe erinnern und daran, dass ich, was in der Taufe geschehen ist, an mir neu vollziehe: Ich nehme Weihwasser und berühre damit meine Stirn. Ich reinige mein Denken, ich wasche alles ab, was mein Denken trübt. Ich berühre mit dem Weihwasser meinen Unterbauch und reinige meine Vitalität und Sexualität, dass sie so wird, wie sie von Gott her gemeint ist: als Ausdruck personaler Liebe. Und ich berühre mit dem Weihwasser meine linke und rechte Schulter. Die linke Schulter steht für das Unbewusste, das Weibliche und das Herz. Ich reinige die Bilder meines Unbewussten. Und ich vertraue darauf, dass mein Herz von aller Bitterkeit gereinigt wird und die reine Liebe in ihm strömen kann. Die rechte Seite steht für das Bewusste, für das Männliche und für das Handeln. Gerade die diese Seite muss gereinigt werden, damit sie nicht beherrscht und tyrannisiert, sondern das Leben anpackt und gestaltet und formt. Indem ich mich bewusst mit dem Weihwasser bekreuzige, stelle ich mir vor, dass das ursprüngliche und unverfälschte Bild Gottes in mir aufstrahlt, dass der ursprüngliche Glanz meiner Seele und meines Leibes aufleuchtet.

In der Haltung des Kreuzes

Stelle dich aufrecht hin und breite deine Arme waagrecht aus, so dass du in der Haltung des Kreuzes stehst. Sage dir in diese Haltung hinein das Wort Jesu: »Vom Kreuz herab werde ich alle an mich ziehen.« (Vgl. Joh 12,32) Die Kreuzgebärde ist eine Gebärde der Umarmung. Jesus umarmt am Kreuz alle Gegensätze in uns und lässt seine Liebe in alle Gegensätze in uns hineinströmen. Stelle dir vor, dass du in dieser Gebärde wirklich die ganze Welt umarmst, dass alles, was in der Welt ist, auch in dir ist. Deine Finger hören nicht dort auf, wo sie von der Haut umschlossen sind. Stelle dir vor, dass sie ins Unendliche hineingreifen.

Die Lateiner sagen: »Nihil humanum mihi alienum« = »Nichts Menschliches ist mir fremd«. Du kannst dir vorstellen: Nichts Kosmisches ist mir fremd. Alles, was ich in der Welt sehe, ist auch in mir: das Helle und Dunkle, das Gute und Böse, das Heile und das Zerbrochene, das Gelungene und das Misslungene, Licht und Schatten. In dieser Gebärde meditierst du nicht nur das Symbol des Kreuzes, du lässt es in deinen Leib hinein. Du bist das Kreuz, du bist die Einheit aller Gegensätze. Und du spürst in dieser Gebärde Weite, Freiheit, Offenheit, Liebe.

Vielleicht werden dir die Arme allmählich schwer. Es ist nicht immer einfach, alle Gegensätze in sich auszuhalten. Es gelingt nur, wenn du die Liebe Jesu und wenn du deine eigene Liebe in diese Gegensätze strömen lässt.

Dann wird deine Gebärde zu einer Erfahrung des Kreuzes: der heilenden und vereinenden Kraft des Kreuzes und der Liebe, mit der Jesus uns am Kreuz – nach einem Wort des Johannesevangeliums (Joh 13,1) – bis zur Vollendung geliebt hat.

Brotbrechen

Nehmen Sie ein kleines Fladenbrot in Ihre Hände und betrachten Sie es. Dann brechen Sie das Brot ganz bewusst. Nur wenn Sie das Brot brechen, können Sie es essen. Nur wenn Sie sich aufbrechen, können Sie zur Nahrung werden für andere. Nur wenn Sie das Brot brechen, können Sie es mit andern Menschen teilen. Sie begegnen einem andern Menschen nur, wenn Sie sich öffnen, wenn Sie die Masken zerbrechen, die Ihr wahres Antlitz verbergen. Das Brechen des Brotes erinnert Sie an manche Brüche Ihres Lebens. Die Brüche haben etwas in Ihnen aufgebrochen, so dass neues Leben in Ihnen möglich wurde.

Essen Sie das Brot dann ganz langsam. Kauen Sie es. Schmecken Sie es. Seien Sie ganz in Ihrem Geschmackssinn. Stellen Sie sich vor, wie das Brot entstanden ist, wieviel Mühe und Liebe es gekostet hat, das Korn anzubauen, es zu ernten, es zu mahlen, das Brot zu backen. Indem Sie das Brot essen, haben Sie teil an der Liebe, die in die Zubereitung dieses Brots hinein geflossen ist. Und stellen Sie sich vor, dass Sie in dem Brot die Frucht des Kosmos genießen, dass Sie Gottes Liebe in sich aufnehmen, die den ganzen Kosmos durchdringt. Wenn Sie das Brot auf diesen Weise langsam und bewusst essen, können Sie eine Ahnung davon bekommen, was Jesus uns anbietet, wenn er sich selbst im eucharistischen Brot uns zu essen gibt, damit seine Liebe alles in uns durchdringt und verwandelt.

QR-Code

Sich mit dem Kreuz bezeichnen

Ein Ritual, das bis ins erste Jahrhundert nach Christus zurückreicht, ist das Kreuzzeichen. Es hat eine lange christliche Tradition. Martin Luther empfiehlt noch jedem Christen, dass er sich am Morgen mit dem Kreuz bezeichne. Sich mit dem Kreuz bezeichnen, ist eine konkrete Weise, das Geheimnis des Kreuzes und der Erlösung an sich zu erfahren. So möchte ich Sie zum Ritual des Kreuzzeichens einladen.

Tun Sie es so, als ob Sie es noch nie gemacht hätten: Stellen Sie sich aufrecht hin. Mit der rechten Hand berühren Sie Ihre Stirne und stellen sich vor, dass die Liebe Jesu, die am Kreuz über alles Böse gesiegt hat, in Ihr Denken hineinströmt. Dann halten Sie die Hand an den Unterbauch. Die Liebe Jesu will in Ihre Vitalität und Sexualität hineinströmen und sie verwandeln. Dann berühren Sie mit der Hand die linke Schulter. Sie steht für das Unbewusste. Stellen Sie sich vor, dass die Liebe Jesu bis in die Abgründe Ihres Unbewussten hineinströmt und alles innere Chaos verwandelt. Sie brauchen vor nichts mehr in sich Angst zu haben. Denn alles – auch das Unbewusste – ist von der Liebe Jesu durchdrungen. Dann halten sie die Hand an die rechte Schulter und lassen die Liebe Jesu in Ihr Handeln und Sprechen strömen. Wenn Sie dieses Ritual langsam vollziehen, werden Sie anders in den Tag hineingehen. Sie werden sich geschützt fühlen von Christus, und zugleich durchdrungen von seinem Geist und seiner Liebe.

Knien

Stellen Sie sich aufrecht vor Gott. Spüren Sie nach, wie Ihre Füße Sie tragen. Und stellen Sie sich vor, dass Sie wie ein Baum stehen, der seine Krone gegen den Himmel streckt. Und dann gehen Sie ganz langsam in die Knie. Und beobachten Sie sich, was sich da in Ihnen ändert. Wie erleben Sie sich, wenn Sie knien? Dann knien Sie eine Zeit lang vor Gott. Halten Sie Gott Ihre Hände in Form einer Schale hin. Spüren Sie Ihre eigene Bedürftigkeit und Ihre Ohnmacht, sich selbst helfen oder ändern zu können. Und dann halten Sie die Hände Gott hin, dass er sie mit seiner Liebe fülle und mit all den Gaben, die er Ihnen schon in Ihrem Leben geschenkt hat. Dann falten Sie die Hände und beugen den Kopf bis zur Erde. Das ist die Haltung der Anbetung.

Und stellen Sie sich vor: Ich vergesse mich selbst. Ich bin jetzt einfach vor Gott. Ich knie vor ihm, der die ganze Welt geschaffen hat. Ich muss gar nichts machen, auch nicht beten. Ich bin einfach vor ihm auf den Knien.

Vielleicht ahnen Sie dann, dass Sie gerade so ganz gegenwärtig sind und ganz frei. Sie sind einfach da, müssen nichts leisten. Indem ich einfach nur bin, spüre ich eine tiefe innere Ruhe und Frieden in mir.

Anbeten

Die eigentliche Gebärde der Anbetung ist die »prostratio«, das Niederfallen. Ich lege mich mit dem Gesicht zur Erde nieder. Zu dieser Gebärde möchte ich Sie einladen. Legen Sie sich entweder in Ihrem Zimmer oder auf einer Wiese oder aber auch am Strand auf den Boden. Legen Sie Ihre Stirne auf die Hände, die Sie unter dem Kopf zusammenlegen. Dann stellen Sie sich vor: Ich falle vor Gott nieder. Ich will nicht nachdenken über Gott. Ich bekenne seine unendliche Größe und Güte. Ich drücke in dieser Gebärde die Sehnsucht meines Leibes aus, ganz mit Gott eins zu werden. Wenn Sie sich einfach in diese Gebärde hineinbegeben, erfahren Sie vielleicht gerade das Gegenteil von Sich-klein-Machen: Sie erfahren, dass Sie geborgen sind, getragen sind. Sie können sich einfach fallen und tragen lassen. Sie kommen zur Ruhe. Ihre Sorgen können Sie im Ausatmen in den Boden hinein loslassen. Und die vielen Gedanken, die auftauchen, lassen Sie ebenso einfach in den Boden hineinfließen.

Genießen Sie diese Gebärde. Es ist nicht nur die Gebärde der Anbetung, sondern zugleich die Gebärde, einfach nur zu sein, ohne sich verteidigen, rechtfertigen oder sich zu etwas zwingen zu müssen. Vielleicht erahnen Sie etwas von der befreienden und bergenden Wirkung dieser Gebärde.

Die Orante-Haltung

Stelle dich aufrecht hin und erhebe deine Hände, so wie du die Gebärde in den Katakomben dargestellt siehst: Bilde mit deinen Händen eine große Schale, die zum Himmel hin offen ist. Die frühe Kirche nennt diese Haltung die »Orante-Haltung«. »Orare« (lat.) heißt »beten«. Es ist also die eigentliche Gebetshaltung. In dieser Haltung kannst du dir vorstellen, dass der Himmel sich über dir öffnet und dass du den Himmel über all den Menschen öffnest, die dir einfallen. Vielleicht ist der Himmel über dem oder jenem gerade verhangen, voller dunkler Wolken, die kein Lichtstrahl durchdringt. So kannst du dir vorstellen: Der Himmel öffnet sich über diesem Menschen. Er spürt mitten in seiner Enge die Weite, mitten in der Leere die Fülle, mitten in der Dunkelheit das Licht.

Wenn du dieses Ritual am Morgen vollziehst, kannst du dir auch vorstellen, dass du den Menschen, denen du begegnest, den Himmel öffnest, damit ihr Leben heller und weiter und freier wird.

Du kannst das Ritual aber auch machen, wenn du in der Natur bist, wenn du allein in deinem Garten bist. Stelle dich in dieser Haltung hin und spüre die Weite des Himmels in dir selbst und in der Schöpfung, die dich umgibt. In der Schöpfung umarmt dich Gott. Und du spürst, dass Gott dich in der Schöpfung umgibt mit seiner Liebe, die aus allem zu dir hinströmt.

Sitzen als Thronen

In unserem Alltag üben wir immer mehr sitzende Tätigkeiten aus. Wir verbinden Sitzen mit Unbeweglichkeit. Wenn wir uns in eine Kirche setzen, könnten wir dem Geheimnis des Sitzens näherkommen. Jesus verheißt uns, dass wir wie er auf Thronen sitzen werden. So setze dich einmal in eine Kirche oder auch auf eine Bank im Freien und versuche, ganz aufrecht zu sitzen, als ob du auf einem Thron säßest. Dann erahnst du etwas von deiner Würde und deiner Freiheit. Wie ein König sitzt du auf dem Thron. Du lässt dich nicht beherrschen von deinen Bedürfnissen oder von den Erwartungen anderer Menschen. Du bist frei. Und du spürst deine Würde. Jesus will dir mit dieser Gebärde zeigen, dass du ein König oder eine Königin bist, dass du eine göttliche Würde hast. Bleibe länger in diesem aufrechten Sitzen und stelle dir vor, was es heißt, ein königlicher und freier Mensch zu sein, mit einer unantastbaren Würde.

Mein Ring

Betrachte den Ring, den du am Finger trägst. Er ist rund, ein Kreis. Er rundet alles in dir ab, was kantig ist an dir. Er hält zusammen, was brüchig ist. Er schafft mitten in dieser Welt, in der alles auseinanderstrebt, Einheit. Er bringt Getrenntes zusammen. Er hat keinen Anfang und kein Ende und steht so für die Unendlichkeit, für die Ewigkeit. Innerhalb des Kreises erlebten die Menschen früher Schutz vor äußeren Gefahren und vor Dämonen. Stelle dir vor, dass der Kreis deines Ringes dich schützt vor allem, was dein Leben bedrohen möchte. Wenn du den Kreis in dich einbildest, kommst du in Berührung mit deinem wahren Selbst, das alles, was in dir auseinanderstrebt, zusammenhält. Deine innerste Mitte ist wie ein Kreis, der ohne Anfang und Ende ist. Da entdeckst du etwas in dir, das der Zeit enthoben ist, etwas Rundes, Vollkommenes mitten in deiner Brüchigkeit.

QR-Code

Einen Engel in die Hand nehmen

Wenn du dich allein fühlst, oder wenn du in großer innerer Not bist und dich nicht mehr auskennst mit dir selbst, dann nimm einen kleinen Engel in die Hand, wie sie uns heute von verschiedener Seite aus angeboten werden. Nimm den Engel in die Hand und stelle dir vor: Ich bin nicht allein. Ein Engel begleitet mich. Gott selbst lässt mich nicht allein. Er schickt seinen Engel zu mir. Der Engel, den er mir schickt, kann ein innerer Impuls sein. Es kann aber auch die heilende Kraft sein, die Gott in meine Seele gelegt hat. Gerade wenn du krank bist, kannst du dir vorstellen, dass Gott in dem Engel, den du in deiner Hand hältst, dich in Berührung bringt mit den Heilungskräften deiner Seele. Du kannst dir vorstellen, dass die heilenden Kräfte deiner Seele in die kranken Bereiche deines Leibes oder deiner Seele einströmen und alles Kranke überwinden und heilen. Halte den Engel in deiner Hand, wenn die Angst in dir immer stärker wird. Du spürst dann, dass du dich in deiner Angst an dem Engel festhalten kannst. Das relativiert die Angst. Du bist der Angst nicht ausgesetzt. Du hast den Engel, an dem du dich festhalten kannst und der dir Halt verleiht.

Der gesegnete Anhänger – die gesegnete Medaille – der gesegnete Schlüssel

Lass deinen Anhänger oder deine Medaille oder einen Schlüssel von einem Priester segnen oder segne sie selbst. Und dann stelle dir vor: Mein Anhänger erinnert mich daran, dass Gott selbst mir anhängt, dass er mit mir alle Wege geht, dass er mich schützt und dass ich nie allein bin. Und wenn du deine Medaille anschaust, dann vertraue darauf, dass Gott bei dir ist. Und vergegenwärtige dir: In dem Bild der Medaille will Gott dir etwas sagen. Gottes Bild will sich in dich einbilden und will dich befreien von den negativen Bildern, die du oft in dir trägst. Und wenn du das Bild anschaust, stelle dir vor, dass Gott dich liebevoll anschaut. Gott schenkt dir Ansehen.

Betrachte deinen Schlüssel. Er schließt dir nicht nur die Tür auf zu deinem Haus oder zu deinem Auto. Vertraue darauf, dass Gott dein Haus behütet und beschützt und dass er dich auf deinen Autofahrten begleitet und dich sicher ans Ziel kommen lässt. Und dann meditiere den Schlüssel. Er möchte dir auch die Tür aufschließen zu deinem eigenen Herzen. Er ist die Verheißung, dass du dich deinem eigenen Herzen nicht entfremdest und nur in der äußeren Welt herumläufst. Der Schlüssel erinnert dich, dass dein Herz offen ist für dich selbst, dass du darin Liebe spürst, dass du dein Herz aber auch für die Menschen öffnest, denen du begegnest, und für Gott, der dein Herz mit seiner Liebe erfüllen möchte. Und bitte

Gott, dass der Schlüssel dich befähigt, die Herzen der Menschen aufzuschließen und sie mit dem Leben in Berührung zu bringen, das in ihnen oft schlummert, aber noch nicht aufgewacht ist.

8

Das Geheimnis des Lebens feiern.

Heilkraft der Feste

Die Kirche hat in der Ausprägung des kirchlichen Jahreskreises den Rhythmus der Jahreszeiten aufgegriffen, die alten heidnischen Feste an den Übergängen gleichsam »getauft« und so mit neuem Bedeutungsgehalt gefüllt. Die wichtigsten Feste, in denen Christen des Heilsgeschehens gedenken, sind mit den Jahreszeiten verbunden. Weihnachten, am dunkelsten Tag des Jahres, greift das römische Fest des »sol invictus«, des »unbesiegbaren Sonnengottes« auf, um zu bekennen, dass in Christus die wahre Sonne aufgeht und unsere Dunkelheit vertreibt. Zu Beginn des Frühlings feiern wir Ostern als das Fest der Auferstehung. Das Leben siegt über den Tod. Zu Beginn des Sommers weist das Fest Johannes des Täufers auf Christus hin. Der Täufer bekennt, dass er abnehmen muss, damit Christus wachsen kann. Es geht um ein inneres Wachsen, das uns der Sommer äußerlich vor Augen hält. Und den Beginn des Herbstes feiert die Kirche mit dem Erntedankfest.

Durch persönliche Rituale und durch Rituale in der Familie können die kirchlichen Feste für das eigene Leben fruchtbar gemacht werden. Seit den ersten Jahrhunderten war es immer ein Bedürfnis des Volkes, die Feste des Kirchenjahres auch durch persönliche Rituale ins Leben zu übersetzen. Es entwickelte sich ein reiches Brauchtum, das oft auch frühere heidnische Bräuche übernommen, diese aber christlich getauft hat. Es würde zu weit führen, all das zu beschreiben. Ich beschränke mich auf einige Rituale, die wir während eines Jahres persönlich vollziehen können, damit wir erleben: Es ist ein gesegnetes Jahr, in dem unsere Wunden heilen und wir mit dem Heil in Berührung kommen, das uns in Jesus Christus erschienen ist.

Segnen des Adventskranzes

In vielen Familien sind Rituale in der Adventszeit noch üblich und selbstverständlich. Aber viele Familien sind auch ratlos, wie Sie den Advent bewusst feiern können. Viele Menschen haben noch das Gespür dafür, dass die Adventszeit eine besondere Zeit für sie ist, eine stille Zeit, in der Sie mit all ihren Sehnsüchten in Berührung kommen, mit der Sehnsucht nach Liebe und Geborgenheit, mit der Sehnsucht nach dem Kommen Jesu Christi, durch das ihr Leben eine neue Tiefe und Klarheit bekommt. Zugleich leiden sie daran, dass gerade diese Zeit immer hektischer wird. Und oft trauen sie sich nicht, die alten Rituale, die sie in der Kindheit vollzogen haben, in der Familie zu feiern. Sie haben Angst, die Kinder oder der Ehepartner könnten die Rituale ablehnen oder gar lächerlich machen. Daher ist es gut, schon vor Beginn der Adventszeit in der Familie anzusprechen, wie Sie gerne Advent und Weihnachten feiern möchten. Das Gespräch über die Rituale würde dann sehr schnell zu einem Gespräch über die Beziehungen in der Familie werden. Wollen wir überhaupt noch miteinander etwas feiern? Oder geht jeder seiner Wege? Trägt uns das noch, worauf Advent und Weihnachten hinweisen? Sagen Sie, warum Ihnen die Rituale wichtig sind und was sie für Sie bedeuten. Es ist Mut nötig, das zu sagen. Denn damit drücken Sie Gefühle aus und machen sich verwundbar. Doch es ist zugleich die Einladung an die Familie, sich über den Grund Gedanken zu machen, der sie trägt.

Laden Sie die Familie ein, die Adventszeit mit einer Runde um den Adventskranz zu beginnen. Sagen Sie, was Ihnen der Adventskranz bedeutet. Und dann segnen Sie den Kranz, bevor Sie die erste Kerze anzünden. In den segnenden Worten wird ausgedrückt, was der Adventskranz uns sagen möchte. Der Kranz erinnert an den Siegeskranz. Wir glauben, dass unser Leben gelingt, wenn wir auf das Kommen Christi warten und Christus eintreten lassen in unser Haus, wenn er bei uns anklopft. Und im Adventskranz geben wir unserer Hoffnung Ausdruck, dass Gott all das, was in uns zerbrochen oder brüchig geworden ist, wieder zusammenfügt und ganz macht.

Der Kranz soll unsere Hoffnung stärken, dass niemand in der Familie scheitert, dass auch im kommenden Jahr unser Leben gelingt. Und wir bitten darum, dass Gott alles in uns abrunden möge, was während des vergangenen Jahres kantig und hart geworden ist. Der Kranz verbindet auch den Kreis der Menschen, die sich um ihn setzen. So drückt er den Wunsch aus, dass die Familie zusammenhält und niemand herausfällt aus dem Kreis ihrer Gemeinschaft.

Zünden Sie achtsam die erste Kerze an. Sprechen Sie dazu die Worte: »Das Licht Jesu Christi möge in dieser Adventszeit immer tiefer in uns eindringen und alle Bereiche unseres Lebens erleuchten. Es möge alle Dunkelheit aus unseren Herzen und aus unserem Haus vertreiben und unser Haus mit Liebe erfüllen.«

Es ist gut, vor jedem Adventssonntag ein kleines Ritual vor dem Adventskranz zu feiern, entweder allein oder am besten im Kreis der Familie. Dabei können wir eine Lesung aus der Sonntagsliturgie vorlesen und die Worte in uns eindringen lassen. Die Verheißungen der Propheten, die in der Adventszeit gelesen werden, wollen uns zeigen, dass Gott auch unser Leben verwandeln und erneuern wird. Wenn es geht, sollten wir gemeinsam ein Adventslied singen.
Wenn ich selber allein bin, höre ich mir eine der Adventskantaten von Johann Sebastian Bach an oder den adventlichen Teil aus dem »Messias« von Händel.

Wenn die Familie musikalisch ist, kann sie gemeinsam eine Kantate anhören oder selber adventliche Musik spielen. Die Vorfreude auf Weihnachten wird dadurch nur noch tiefer.

Neu erblühendes Leben: Barbarazweige

Schon in vorchristlicher Zeit gab es den Brauch, vor der Sonnenwende Kirschzweige in eine Vase zu stellen, damit sie am 24. Dezember, dem dunkelsten Tag des Jahres, aufblühen. Die Kirschzweige galten als Liebeszweige. Wenn die Sonne sich verdunkelt und es draußen kalt wird, soll die Liebe die Herzen erleuchten und erwärmen. Die Christen haben diesen Brauch übernommen und mit dem Fest der hl. Barbara verbunden. Die hl. Barbara gehört zu den vierzehn Nothelfern. Sie ist der Legende nach Ausländerin. Wir können sie verstehen als die, die aus einer andern Welt, aus der göttlichen Welt, zu uns kommt. Sie wird mit dem Turm dargestellt, einem Bild für Ganzheit. Barbara wird mit grünem priesterlichem Gewand dargestellt. Sie ist die priesterliche Frau, die das Abendmahl ins Gefängnis bringt. Die Legende berichtet, dass sie mit Ruten geschlagen wurde. Doch die Engel heilten ihre Wunden, und am nächsten Tag erstrahlte sie in größerer Schönheit als zuvor. So steht Barbara für die Hoffnung, dass unsere Wunden in Perlen verwandelt werden.

Nehmen Sie Zweige aus Ihrem Garten, entweder Kirschzweige oder Forsythienzweige, und stellen Sie sie in Ihr warmes Zimmer. Tun Sie es bewusst und achtsam. Stellen Sie sich vor, dass Sie mit diesen nackten Zweigen eine große Hoffnung für sich selber ausdrücken: dass das Neue, das Gott Ihnen an Weihnachten schenkt, das Sie aber in sich selbst noch nicht sehen, in Ihnen wirklich zur Blüte kommen wird. Nehmen Sie die Zweige als Bild dafür, dass auch Ihre Wunden in Perlen verwandelt werden und dass das Licht Jesu Christi, das Barbara ins Gefängnis gebracht hat, auch das Gefängnis Ihrer Angst und Ihrer Enge aufbricht und mit Liebe erfüllt. Die Liebe Christi, auf die diese Zweige hinweisen, möge stärker werden als alles, was uns von außen oder von innen verfolgt.

Christen drücken mit diesem Ritual ihren Glauben aus, dass Christus auch ihr Haus erleuchtet und Abgestorbenes und Erstarrtes zu neuem Leben weckt. Wir brauchen solche sinnenfälligen Rituale, um uns täglich an unsere Hoffnung zu erinnern. Der Anblick der Barbarazweige ist eine solche Erinnerung: dass auch in uns die Liebe stärker ist als die Kälte und dass das Licht heller sein wird als die Dunkelheit.

Advent – berührt von der Sehnsucht

Stelle dich vor den Adventskranz, zünde die Kerze an. Lege beide Hände in deine Brustmitte, übereinander. Dann schließe die Augen und beobachte, welche Gefühle in dir aufsteigen. Dann gehe den Gefühlen auf den Grund und entdecke in jedem Gefühl die Sehnsucht, die darin steckt. In der Eifersucht steckt die Sehnsucht nach Liebe, im Neid die Sehnsucht nach Dankbarkeit und innerem Frieden, im Ärger die Sehnsucht nach Klarheit und Freiheit und in der Enttäuschung die Sehnsucht nach Erfüllung. Und in deinen Schuldgefühlen spürst du die Sehnsucht nach Reinheit und Lauterkeit. Spüre unter deinen Händen, die in der Brustmitte eine Wärme erzeugen, die Sehnsucht, die in dir ist. Und sage dir: In meiner Sehnsucht ist schon das, wonach ich mich sehne. In der Sehnsucht berührt mich Gott. In meiner Sehnsucht nach der Gottesgeburt in meinem Herzen ist schon ein Schimmer von der wahren Geburt Gottes in Jesus Christus. Da erahne ich, dass Christus auch in meinem Herzen geboren wird. Halte die Hände lange über deiner Brust und genieße die Wärme, die dabei entsteht. Vielleicht fühlst du dich dann bei dir daheim, weil in dir das Geheimnis Gottes und seiner menschgewordenen Liebe wohnt.

Die Kerzen auf dem Adventskranz

Nimm in der Adventszeit als Ritual die Meditation der Kerzen auf dem Adventskranz. Meditiere in der ersten Woche die eine Kerze. Sie drückt die Sehnsucht nach Einheit und Einswerden aus. Stelle dir vor, dass du ganz im Einklang bist mit dir selbst, dass alle innere Zerrissenheit aufhört und du eins bist mit dir selbst, aber zugleich mit allem, was ist. In der zweiten Woche meditiere die beiden Kerzen. Sie drücken die Polarität in dir und um dich herum aus. Lass das Licht der beiden Kerzen in die Gegensätze deiner eigenen Seele hineinleuchten: in deine Stärken und Schwächen, in das Gesunde und Kranke in dir, in das Heile und das Zerbrochene, in das Gelebte und Ungelebte. Und stelle dir vor, dass das Licht der beiden Kerzen die Gegensätze in deiner Familie erleuchten, und dass Ihr euch gerade wegen eurer Gegensätze einander erhellt. In der dritten Adventswoche lass das Licht der drei Kerzen in alle Bereiche deines Leibes, deiner Seele und deines Geistes hineinleuchten, damit dein ganzes Menschsein erhellt wird. Und in der vierten Woche stelle dir vor, dass die vier Kerzen deinen Alltag erhellen: deine Arbeit, dein Zusammenleben in der Familie, die alltäglichen Tätigkeiten und Gewohnheiten. Stelle dir vor, dass Christus als Licht gerade in deinen Alltag hinein geht. Jesus hat als Zimmermann jahrelang ganz alltägliche Arbeit verrichtet und damit den Alltag durch seine Gegenwart erhellt. Er möchte auch deinen Alltag in ein neues Licht tauchen.

Gottesgeburt in der Stille

Nehmen Sie sich in der Adventszeit und Weihnachtszeit ab und zu einmal Zeit, sich einfach still hinzusetzen. Lenken Sie Ihr Bewusstsein nach innen. Schauen Sie die Gedanken und Gefühle an, die da in Ihnen auftauchen. Aber bewerten Sie die Gefühle nicht, sondern gehen durch sie hindurch immer tiefer, bis Sie in den Raum jenseits aller Gefühle und Gedanken kommen. Fragen Sie sich: Was nehme ich da wahr? Ist es nur Leere? Oder habe ich eine Ahnung, dass da auf dem Grund meiner Seele etwas Kostbares und Geheimnisvolles ist?

Stellen Sie sich vor, dass Sie auf dem Grund Ihrer Seele Ihr wahres Selbst berühren. Dieses Selbst können Sie nicht mehr beschreiben. Und hier, in diesem wahren, ursprünglichen, unverfälschten Selbst, ist der Ort, in dem Gott in Ihnen geboren wird. Die Geburt Gottes auf dem Grund Ihrer Seele bringt Sie mit diesem Selbst in Berührung. Sie besitzen das Selbst nicht. Es wird Ihnen geschenkt, wenn Sie in der Stille in den innersten Grund Ihrer Seele vordringen. Dort, jenseits aller Worte und Bilder, geschieht Weihnachten in Ihnen. Da wird das Kind geboren, das Sie erneuert, das Sie befreit von allem Druck, sich darstellen zu müssen. Da sind Sie einfach wie das Kind, das in der Krippe liegt und lächelt.

Unter dem Christbaum: Heiligabend

In unserer Familie war es immer ein berührendes Ritual, wenn wir alle vor dem Christbaum standen, dessen brennende Kerzen das Wohnzimmer in ein warmes Licht tauchten. Der Vater las die Weihnachtsgeschichte aus dem Lukasevangelium vor. Dann sangen wir gemeinsam »Stille Nacht«. Es ist ein einfaches Ritual. Aber es gibt dem Heiligen Abend ein besonderes Gepräge. Wer diesen Abend ohne Rituale feiert, der wird bald spüren, dass das bloße Zusammensitzen und gemeinsame Essen leer wird. Es braucht gerade an diesem Abend Rituale, damit wir wirklich Weihnachten feiern können. Eine adlige Frau erzählte mir, dass in ihrer Familie nach Ritualen gefeiert werde, die seit Jahrhunderten üblich seien. Das ist keine Nostalgie. Die Familie drückt damit aus, dass sie teilhat an der Glaubenskraft und Lebenskraft der vergangenen Generationen. Sie spürt in diesen Ritualen die tiefen Wurzeln, aus denen sie lebt. Sie hat teil an dem Glauben, der die Großmutter und den Urgroßvater befähigt hat, ihr Leben in schweren Zeiten zu bewältigen. Aber die Rituale müssen immer wieder mit Sinn erfüllt werden, und sie brauchen ein behutsames Vollziehen. Nur so werden sie für uns stimmig und schenken uns Anteil an der Sehnsucht, die die Menschen seit jeher mit Weihnachten verbunden haben, an der Sehnsucht nach Frieden, nach Liebe, nach Geborgenheit, nach einem neuen Anfang, nach der Nähe des heilenden Gottes.

Überlegen Sie sich, welche Rituale in Ihrer Familie üblich waren. Versuchen Sie, diese alten Rituale neu mit Sinn zu füllen.

Oder aber überlegen Sie, welches Ritual für Sie passt.

Wenn in diesem Jahr ein lieber Mensch gestorben ist, den Sie jetzt an Weihnachten vermissen, dann stellen Sie eine Kerze an die Krippe und stellen sich vor, dass er oder sie jetzt im Himmel das Geheimnis der Menschwerdung schaut, während wir es hier im Glauben feiern. Dann geht Ihnen vielleicht auf neue Weise auf, was Weihnachten bedeutet.

Im Hause des Theologen Dietrich Bonhoeffer war es ein schönes Ritual, vom Christbaum einen Zweig abzubrechen und ihn auf das Familiengrab zu legen. Christus, der geboren wurde, damit wir nicht für immer sterben, möge auch den Verstorbenen ewiges, unvergängliches Leben schenken.

Überlegen Sie früh genug, wie Sie den Heiligen Abend feiern wollen. Und wenn es in Ihrer Familie verschiedene Vorstellungen darüber gibt, sprechen Sie früh genug darüber. Das Gespräch über die Rituale wird sich nicht nur um die äußeren Formen drehen, sondern letztlich um unsere Beziehungen: Können und wollen wir noch gemeinsam ein Fest wie Weihnachten feiern? Oder müssen wir uns eingestehen, dass wir uns so auseinandergelebt haben, dass ein gemeinsames Fest nicht mehr gelingt?

Bevor wir uns das eingestehen, sollten wir überlegen, was alles uns doch noch trägt, und wie wir das an Weihnachten zum Ausdruck bringen können.

Das neue Jahr segnen

Das Ende eines Jahres und der Beginn eines neuen Jahres üben immer wieder eine besondere Faszination auf die Menschen aus. Es ist ein Bedürfnis, das alte Jahr gut abzuschließen und das neue mit Gottes Segen zu beginnen. In unserer Familie haben wir den Silvesterabend immer mit unseren Verwandten und Freunden begangen. Wir haben feierlich Mahl gehalten. Mein Vater hielt jedes Jahr eine Ansprache, in der er das vergangene Jahr nochmals Revue passieren ließ und Gott für alles, was im Jahr geschehen war, dankte. Schließlich bat er Gott um Segen für das kommende Jahr. Und dann haben wir den Jahresbeginn immer mit einem Glas Sekt begonnen.

Als Mönch habe ich 20 Jahre lang mit Jugendlichen einen Kurs über Silvester gehalten. Bei diesen Kursen haben wir uns ausführlich mit dem Loslassen des vergangenen Jahres und das Hineinschreiten in das neue Jahr beschäftigt. In der Silvesternacht haben wir einen langen Gottesdienst gehalten, der um 21.00 Uhr begann und oft bis 2.00 oder gar bis 3.00 Uhr nachts dauerte. Betend, schweigend und feiernd haben wir den Wechsel von einem Jahr zum andern begangen. Um Mitternacht saßen wir immer in der dunklen, nur von Kerzen beleuchteten Abteikirche. Schweigend erlebten wir das Verrinnen der alten Zeit und das Nahen der neuen unverbrauchten Zeit. Schweigend konnten wir das Alte lassen und das Neue begrüßen. Das erste Wort, das wir dann miteinander sprachen, war das

Vaterunser. Wir bildeten große Kreise um den Altar und fassten uns an der Hand und sprachen in das Schweigen hinein die Worte, die Jesus uns zu beten gelehrt hat. Sie bekamen in diesem Augenblick eine ganz neue Bedeutung. Inzwischen wird in vielen Kirchen ein Angebot der Stille gemacht. Man verbringt den Übergang vom alten zum neuen Jahr bewusst schweigend in der Kirche, vielleicht eingeführt mit einem meditativen Orgelspiel, dann aber auch mit Gebeten, und man beendet dann diese Zeit der Besinnung mit einem Segen für das neue Jahr.

Dem Anfang vertrauen

Nimm deinen Kalender des Neuen Jahres und lege deine Hände zum Segen darauf. Dann bitte Gott in einem persönlichen Gebet, dass er all das, was in den 365 Tagen des Neuen Jahres geschehen wird, segnen möge, dass er das, was du selbst anpackst, zum Segen werden lässt, dass er die Menschen segnet, denen du begegnest, dass sein Segen über den Gesprächen ruhe, die du führst. Gottes Segen möge die Menschen, die dir nahe stehen, wie mit einem schützenden Mantel einhüllen. Sein Segen möge die Menschen bewahren vor Krankheit, Unglück und vor dem Schaden durch eigene Fehler. Was fällt dir alles ein, wenn du an das Neue Jahr denkst, an die einzelnen Monate, was du schon alles geplant hast, was noch ungewiss ist? Stelle dir vor, dass durch deine Hände Gottes Segen in das ganze Jahr hinein strömt, in jeden einzelnen Tag. Beginne keinen Tag ohne das Vertrauen, in einen gesegneten Tag, in eine gesegnete Woche, in einen gesegneten Monat hinein zu gehen.

Altes loslassen, neues Leben spüren

Antonios, der als erster in die Wüste ging, sagte zu einem Mönch, der ihn um Rat fragte: „Lass dich nicht ein Ding gereuen, das vorbei ist." Viele können das neue Jahr nicht gut beginnen, weil sie noch zu sehr um die Vergangenheit kreisen, um Fehler, die sie gemacht haben, um alte Konflikte. Übe das, was Antonios gemeint hat, in einem Ritual ein:

Setze dich hin, schließe die Augen und achte nur auf deinen Atem. Spüre, wie im Einatmen neues Leben in dich einströmt. Und stelle dir vor, wie beim Ausatmen das Vergangene - vergangene Fehler, Erfolge, Gespräche, Konflikte, anerkennende Worte - aus dir heraus fließt. Du lässt das Vergangene los. Dann wirst du wieder offen für das Neue, das im nächsten Einatmen in dich einströmen möchte. Übe das 15 Minuten lang. Vielleicht gelingt es dir dann, das Geheimnis des Neuen zu erahnen. Das Neue ist für uns Christen letztlich der Heilige Geist, der alles neu macht. Der Heilige Geist will dich erneuern und dir helfen, das Alte wirklich loszulassen, dich nicht selbst zu beschuldigen, wenn etwas schief gelaufen ist, aber dich auch nicht selbst zu loben und im Lob hängen zu bleiben, wenn du Erfolg gehabt hast. Lass das Alte los, damit das Neue und Unberührte des göttlichen Geistes in dich einströmt und dich erneuert.

Das Haus segnen: Epiphanie

Als Kinder haben wir uns immer auf die Haussegnung am Fest Epiphanie (Dreikönigsfest) gefreut. Der Vater hat an die Haustür die Jahreszahl und die drei Buchstaben C + B + M geschrieben. Wir meinten, es seien die Namen der drei Könige: Caspar, Melchior und Balthasar. Doch es heißt: »Christus mansionem benedicat«, auf Deutsch »Christus segne dieses Haus«. Und dann sind wir mit dem Weihrauchfass durch die Räume des Hauses gegangen und haben überall den Weihrauchduft verbreitet. Der Brauch geht auf heidnische Rituale zurück. Doch er hat auch heute durchaus seine Bedeutung. Wir brauchen nicht wie die Heiden dämonische Mächte zu vertreiben. Doch auch unser Haus ist oft voll von negativen Emotionen. Die Konflikte des vergangenen Jahres haben sich in den Räumen festgesetzt. Verdrängte Gefühle, übergangene Verletzungen haben nicht nur die Seelen, sondern auch die Räume getrübt. Indem wir die Räume mit Weihwasser besprengen und mit Weihrauchduft erfüllen, reinigen wir alle Trübungen. Wir erfüllen die Räume wieder mit dem Geist Jesu Christi, damit wir in unserem Haus wirklich zu Hause sein können. Wir lassen diesen Geist bewusst ein, damit wir Heimat erfahren, weil wir wissen, dass Gott, das Geheimnis, in unserem Hause wohnt.

Überlegen Sie, welche Form des Haussegens für Sie hilfreich ist. Die traditionelle Haussegnung beginnt an der

Haustür. Auf diese Tür schreiben Sie mit Kreide die Jahreszahl und die Segensworte C + B + M. Dann gehen Sie durch die einzelnen Räume des Hauses.

Halten Sie kurz inne und bedenken, was jeder Raum für Sie bedeutet.

Dann sprechen Sie beim Weihwasser und Weihrauch Worte des Segens in diesen Raum hinein. Auch gute und heilende Worte wirken sich aus und vertreiben all die negativen Worte, die vielleicht im vergangenen Jahr dort gesagt wurden. Das Wohnzimmer braucht andere Worte als das Arbeitszimmer, die Küche andere als das Schlafzimmer. Im Haussegen werden Sie sich der Bedeutung der einzelnen Räume bewusst. Sie werden sie im kommenden Jahr anders erleben, wenn Sie sich immer wieder an die Segensworte erinnern, die Sie in diese Räume hineingesprochen haben.

Den gemeinsamen Haussegen können Sie dann mit einem festlichen Mahl beschließen. Es ist ein Mahl, wie es Jesus immer wieder mit seinen Jüngern gehalten hat: ein Mahl der Freude und Dankbarkeit. Sie haben als Familie eine Wohnung, in der Sie sich geborgen fühlen und in der Gott selbst mitten unter Ihnen wohnt. Das ist aller Grund, sich zu freuen, dankbar zu sein und das bewusst zu feiern.

Kerzen mit nach Hause nehmen: Lichtmess

Die Weihnachtszeit endet mit dem Fest Mariä Lichtmess am 2. Februar. Heute nennt es die Liturgie: »Fest der Darstellung des Herrn«. In der Landwirtschaft war es früher ein wichtiges Fest, da an diesem Tag die Knechte und Dienstmägde ihren Dienst aufnahmen. Die Ostkirche nennt es das Fest der Begegnung. Simeon und Hanna begegnen im Tempel Maria und Joseph mit ihrem Kind. Simeon nimmt das Kind in seine Arme und besingt das Licht, das in diesem Kind für unsere Welt aufgeleuchtet ist.

Für mich gehört es zum Ritual dieses Tages, dass ich die Kantate von Johann Sebastian Bach »Ich habe genug« höre, gesungen von Dietrich Fischer-Dieskau, dirigiert von Karl Richter. In dieser Bachkantate hören wir den biblischen Simeon, der in dem Kind das Heil erblickt hat und jetzt in Frieden scheiden kann. Mit dieser wunderbaren Musik endet für mich die Weihnachtzeit. Sie lädt mich ein, Christus in mein Herz aufzunehmen und mit ihm durch den Alltag des Jahres zu schreiten.

An diesem Tag werden zu Beginn der Eucharistiefeier Kerzen geweiht und angezündet. Mit ihnen zieht man in die dunkle Kirche und nimmt sie dann am Ende der Feier mit nach Hause. Wenn es Ihnen möglich ist, nehmen Sie an diesem Tag teil am Gottesdienst und nehmen Sie die gesegnete Kerze mit in ihr Haus. Wenn es nicht möglich ist, dann zünden Sie bewusst an diesem Tag in Ihrer Wohnung eine Kerze an. Vielleicht haben Sie eine Marienstatue oder ein Marienbild in Ihrer Wohnung. Dann stellen Sie die brennende Kerze vor das Marienbild. Maria ist ein Bild für uns selbst. Wie Maria sollen wir das Licht Jesus Christi in diese Welt hineintragen. Durch Sie soll diese Welt heller und menschlicher werden. Vertrauen Sie darauf, dass Sie selbst Licht in sich tragen und Licht sind. Die Kerze will Ihnen zeigen, wer Sie im Tiefsten sind: ein Licht, das die Herzen der Menschen erleuchtet.

Segnen Sie die Kerze, die Sie in Ihrer Wohnung entzünden. Segnen heißt, dass Sie Worte sprechen, die das Wesen der Kerze zum Ausdruck bringen. Sie können das mit folgenden Worten tun: »Barmherziger und guter Gott, segne diese Kerze, die wir am Fest der Darstellung des Herrn anzünden. Ihr Licht möge das Licht Jesu Christi in unsere Welt und in unseren Alltag hineintragen, damit wir auch in unserem alltäglichen Tun von Deinem Licht umgeben und gesegnet seien. Dein Licht, das in der Geburt Jesu Christi aufgeleuchtet ist, möge unsere Dunkelheit erleuchten. Es möge Licht hineinbringen in unsere Arbeit, damit durch sie die Welt heller wird. Und lass uns in diesem Licht die Wärme deiner Liebe spüren, damit wir in allem, was wir tun und sagen, deine Liebe in diese Welt hinaustragen. So leuchte diese Kerze und erwärme die Kälte unserer Herzen und unserer Welt, durch Christus unsern Herrn. Amen.«

Ein Licht-Ritual

Setze Dich still vor eine Kerze und zünde sie behutsam an.

Vergewissere Dich mit diesem einfachen Ritual, dass das Licht Gottes über deinem Leben aufgeht und dir verheißt, dass dein Leben gelingen wird.

Natürlich weißt du, dass vom Anzünden der Kerze nicht das Gelingen deines Lebens abhängt. Aber indem du achtsam das Licht anzündest, drückst du aus, dass dein Leben unter der Verheißung Gottes steht: »Ich vollbringe an dir, was ich dir verheißen habe.«

Schau in das Licht hinein und lass dieses Licht in alle Abgründe deiner Seele eindringen.

Schau in die verschlossenen Bereiche, in denen Verdrängtes und Unterdrücktes verborgen liegt.

Schau in die Dunkelheit deiner Trauer, in deine Angst, in deine Zweifel, in deine Unsicherheit, in deine Leere.

Stelle dir vor, dass alles in dir von diesem warmen zärtlichen Licht der Kerze erleuchtet wird. Im Licht dringt Gottes Liebe in Dich ein.

Sie verurteilt Dich nicht. Sie vermittelt dir: Alles in dir darf sein. Aber alles kann auch verwandelt werden durch das Licht und durch die Liebe.

Es geht bei diesem Ritual gar nicht darum, viel zu denken.

Lass das Licht einfach in Dich eindringen.

Vielleicht spürst du dann auch, wie es dir warm ums Herz wird, wie Liebe in Dich einströmt und dir vermittelt: Alles ist gut.

Vielleicht kommen auch Sehnsüchte hoch, oder Bedürfnisse oder nicht gelebte Seiten an dir. Das kann manchmal schmerzlich sein.

Doch es ist gut, wenn das Licht der Kerze Dich in Berührung bringt mit deiner Sehnsucht. Es zeigt dir, dass dein Leben nicht so eng und so leer ist, wie du es manchmal erfährst. In dir ist Sein Licht. Es will alles in dir erleuchten, heilen, mit Liebe und Hoffnung erfüllen.

QR-Code

Fastenzeit: Entrümpeln

Die Fastenzeit ist eine Zeit des Einübens in die innere Freiheit. Das kann beim Essen und Trinken ansetzen, wenn wir bewusst auf Alkohol oder Fleisch verzichten. Das kann sich auf unseren Umgang mit der Zeit und mit unserem Terminkalender beziehen. Wir könnten bewusst in der Fastenzeit einmal unseren Terminkalender durchgehen und überlegen, wo wir etwas streichen können. Da findet sich sicher manches, was wir uns selbst an Terminen aufgeladen haben.

Die Fastenzeit ist wie eine Art Frühjahrsputz für Leib und Seele. Der Leib wird durch das Fasten entschlackt, die Seele durch mehr Zeit und Stille.

Doch der Frühjahrsputz kann sich auch auf unsere Wohnung beziehen. In unserer Abtei haben wir einen gemeinsamen Nachmittag, an dem jeder seine Klosterzelle von Überflüssigem zu befreien sucht.

Der hl. Benedikt empfiehlt uns Mönchen, dass wir zu Beginn der Fastenzeit einen Trainingsplan aufstellen, was wir in diesen sieben Wochen einüben wollen, wo wir mehr beten, weniger reden, intensiver meditieren und achtsamer auf die Menschen zugehen wollen.

Überlegen Sie sich, was Sie sich in dieser Fastenzeit vornehmen. Und stellen Sie sich ein Programm auf. Das Ziel der Fastenzeit ist, die Haltung der inneren Freiheit einzuüben. Doch der Weg dorthin führt über handfeste Rituale.

Entrümpeln Sie Ihre Zeit.

Durchforsten Sie die Termine, die Sie sich vorgenommen haben.

Überlegen Sie, wie Sie Ihre Zeit entrümpeln und wo Sie bewusst Rituale einsetzen wollen, in denen Sie zu sich selbst kommen, in denen Sie sich herausnehmen aus dem Alltag und eintauchen in die Welt der Stille, in die Welt Gottes.

Mit welchem Ritual wollen Sie in der Fastenzeit den Tag beginnen?

Mit welchem Ritual wollen Sie ihn beenden?

Wann wollen Sie sich Zeit nehmen zur Stille, zur Meditation, zum Lesen?

Entrümpeln Sie Ihre Wohnung.

Wir sollen uns in der Fastenzeit von allem reinigen, das unser Denken trübt. Dazu gehört auch unsere Wohnung. Sie lässt uns manchmal nicht mehr atmen. Sie werden spüren, dass das Entrümpeln Sie befreit.

Gehen Sie einmal ganz bewusst durch Ihre Räume. Schauen genau hin, wo ihre Wohnung zu voll steht. Wo engt das Viele, das herumsteht, Sie ein? Überlegen Sie: Was könnten Sie verschenken? Was müssten Sie entsorgen?

Vereinfachen Sie das Essen in der Fastenzeit.

Setzen Sie sich auch da Rituale für Ihr Frühstück, Mittagessen und Abendessen. Wie wollen Sie die Zeit, in der Sie essen, gestalten?

Das Ritual des einfachen Essens, das Sie aber bewusst langsam genießen, wird Ihnen guttun und ein neues Gespür vermitteln für den Genuss eines feierlichen Mahles, das Sie an Ostern erwartet.

Fastenzeit: Tee-Ritual

Immer mehr Menschen üben heute wieder das Fasten, das die Kirche früher streng für die vorösterliche und die vorweihnachtliche Zeit vorschrieb. Die Medizin hat das Heilfasten neu entdeckt. Wenn Sie es sich zutrauen, wäre es gut, eine Woche lang einmal zu fasten und nur Wasser, Tee und Gemüsebrühe zu trinken.

Eine solche Fastenwoche braucht ihre Rituale. Sie tragen dazu bei, dass ich das Fasten bewusst vollziehe und nicht einfach nur als Mittel benutze, um ein paar überflüssige Pfunde zu verlieren.

Eingeleitet wird der Beginn des Fastens durch das Reinigungsritual. Der Darm soll gereinigt werden, entweder durch Obst, durch Sauerkrautsaft, durch Glaubersalz oder durch einen Einlauf.

Dann folgt das Ritual des Fastens selbst. Ich verzichte auf alle feste Speisen und trinke nur täglich mindestens drei Liter Wasser, Tee oder Gemüsebrühe.

Auch das Abfasten geschieht dann in einem festen Ritual. Ich breche das Fasten, indem ich langsam einen Apfel esse oder ein trockenes Brot langsam kaue.

Es gibt viele Formen, das Fasten in der Fastenzeit zu praktizieren.

Sie können sich auch zum Beispiel den Freitag als Fasttag vornehmen, als den Tag, an dem Sie nur etwas Obst essen und Tee trinken. Andere ersetzen die Abendmahlzeit durch Teetrinken.

Ganz gleich, welche Form für Sie stimmig ist, gestalten Sie Ihr Teetrinken zu einem Ritual.

Trinken Sie den Tee nicht nebenbei. Bereiten Sie den Tee achtsam vor.

Zünden Sie eine Kerze an. Wenn Sie wollen, legen Sie eine Musik auf, die Ihnen guttut. Oder horchen Sie einfach in die Stille hinein.

Und dann trinken Sie den Tee Schluck für Schluck.

Genießen Sie jeden Schluck und in ihm die Weisheit der Kräuter, die im Tee enthalten sind.

Wenn Sie das bewusst tun, werden Sie das Fasten nicht als qualvoll erleben, sondern als eine andere Weise der Freiheit und des Genießens erfahren.

In die Nacht gehen: Gründonnerstag

Die Nacht ist für uns Menschen eine besondere Zeit. Nach dem Mahl, das Jesus am Abend vor seinem Leiden mit den Jüngern gehalten hat, ging er hinaus in die Nacht. Er nahm drei seiner Jünger mit sich. Doch die schliefen ein. Und so rang er allein in der Nacht mit seinem Vater. Er bat den Vater, dass der Kelch des Leids an ihm vorüberginge. Doch schließlich ergab sich Jesus in den Willen des Vaters. Am Gründonnerstag feiern wir in der Kirche das letzte Abendmahl Jesu. Es ist ein Mahl, in dem uns Jesus seine Liebe bis zum Ende erweist. Als Ausdruck dieser Liebe wäscht er den Jüngern die Füße.

Nach dieser Erfahrung der Liebe ist es auch für mich ein gutes Ritual, in der Krypta bei Christus zu verweilen. Dabei geht mir die Tenorarie aus der Matthäuspassion von Johann Sebastian Bach immer wieder durch den Kopf: »Ich will bei meinem Jesus wachen.«

Ein anderes Ritual ist mir in seiner Bedeutung aufgegangen, als ich 1974 den ersten Osterkurs für Jugendliche hielt. Ich habe damals die Jugendlichen eingeladen, allein in die Nacht zu gehen und mit Jesus die Einsamkeit und Dunkelheit und Angst des Ölbergs auszuhalten. Zu jener Zeit waren einige Mitbrüder aus dem Kloster ausgetreten. In der Einsamkeit fragte ich mich: Und was hält dich? In dieser Nacht ist mir klar geworden, dass ich nicht wegen anderer Mitbrüder im Kloster bleibe, sondern weil ich mich mit Jesus dazu durchgerungen habe, Ja zu diesem Weg zu sagen, den ich in der Stille und Einsamkeit der Nacht als meinen Weg vor Gott erkannt habe.

Es ist kein angenehmes Ritual, am Gründonnerstag allein in die Nacht hinauszugehen. Aber es ist gut, sich der Einsamkeit zu stellen und sich zu fragen:

Was trägt dich? Was willst du mit deinem Leben?

Was erwartet dich? Was durchkreuzt dein Leben momentan? Bin ich bereit, Ja zu sagen zu dem Weg, der sich mir in der Stille meiner Seele andeutet?

So lade ich dich zu zwei Ritualen ein:

Gönne dir eine Zeit am späten Abend oder während der Nacht von Gründonnerstag auf Karfreitag.

Stehe bewusst in der Dunkelheit auf und gehe in die Kirche, um dort zu wachen und zu beten. Du kannst für die Menschen beten, an die du jetzt in der Passionswoche denkst, weil sie an sich und ihrem Leben zu leiden haben. Du kannst aber einfach auch mit Jesus am Ölberg wachen und dich fragen: Was möchte Gott heute von dir? Wohin möchte er dich führen?

Du kannst natürlich die Nachtstunde auch in deiner Wohnung wachend verbringen, indem du dich in deine Meditationsecke setzt und dort mit Jesus wachst.

Ein anderes Ritual in dieser Nacht: Gehe bewusst in die Nacht hinaus. Du wirst merken: Es ist eine besondere Erfahrung, allein in der Dunkelheit zu wandern und die

Einsamkeit auszuhalten. Irgendwie geht jeder von uns allein seinen Weg. Nimm in dieser Nacht deine Einsamkeit bewusst wahr und frage dich: Was ist dein Weg? Und wie möchtest du ihn als dieser einmalige und einzigartige, aber auch einsame Mensch gehen?

Kreuzgebärde: Karfreitag

Sie haben vielleicht ein Kreuz in Ihrer Wohnung hängen. Betrachten Sie es an diesem Tag bewusst.

Was stellt es dar? Was bedeutet es für Sie?

Die Kirche feiert den Karfreitag durch einen Gottesdienst um 15.00 Uhr, zu der Zeit, als Jesus am Kreuz für uns gestorben ist. Für viele gehört es zum Karfreitagsritual, diesen Gottesdienst zu besuchen und das Kreuz zu verehren, das nach dem Gottesdienst an den Altarstufen aufgestellt wird, damit jeder es berühren und – wenn er möchte – es küssen kann.

Andere gehen an diesem Tag einen Kreuzweg mit seinen 14 Stationen nach und meditieren sich in das Geheimnis des Weges Jesu hinein. In vielen Kirchen ist an der Wand ein Kreuzweg dargestellt. Es gibt aber auch viele Kreuzwege im Freien. So wäre es ein gutes Ritual, einen Kreuzweg aufzusuchen, den man langsam nachgehen und sich im Gehen den Gang Jesu ans Kreuz erschließen kann.

Das Kreuz ist einmal ein Bild für die Einheit aller Gegensätze. Das Kreuz zeigt mir, dass auch ich nur Mensch zu werden vermag, wenn ich mich aussöhne mit meiner Gegensätzlichkeit. Das Kreuz ist aber auch ein Bild, dass die Maßstäbe dieser Welt zerbrochen, durchgestrichen, durchkreuzt wurden. Jetzt gelten nicht mehr Erfolg oder Misserfolg, Anerkennung oder Ablehnung, sondern allein die Liebe, die sich hingibt. Und das Kreuz ist Zeichen der Freiheit. Es gibt keinen König oder Kaiser mehr über mir.

Ich bin frei. Ich gehöre Gott. Und das Kreuz ist Schutzzeichen. Es schützt mich vor allem, was an Bedrohlichem und Negativem die Welt bestimmt.

Am Karfreitag habe ich die Jugendlichen eingeladen, die Kreuzgebärde zu machen und darin das Geheimnis des Kreuzes Jesu zu erahnen.

Ich möchte Sie einladen zu dieser Gebärde:

Stellen Sie sich in Ihrer Wohnung oder auch im Freien fest hin und breiten die Arme und Hände aus, so dass sie waagrecht in Schulterhöhe nach rechts und links ausgestreckt sind.
Die Hände weisen nach vorne.
In dieser Gebärde spüre ich, dass ich angenagelt bin an mich selbst.
Ich bin mir selbst das Kreuz.
Ich bin voller Gegensätze, denen ich nicht entrinnen kann.
Es bleibt mir nichts anderes übrig, als Ja zu sagen zu meinen Gegensätzen.
Wenn ich es versuche, dann spüre ich, dass ich mit meinen ausgestreckten Armen die ganze Welt umarme.
Nichts Menschliches, ja nichts Kosmisches ist mir fremd.
Ich werde eins mit der ganzen Welt und mit allem, was darin ist.
Ich werde eins mit allen Menschen.

Jesus sagt im Johannesevangelium zu dieser Gebärde: »Und ich, wenn ich über die Erde erhöht bin, werde alle zu mir ziehen.« (Joh 12,32) Es ist also eine Gebärde der Liebe. In dieser Gebärde kann ich die Liebe Jesu zu mir erahnen, in der ich mich bergen kann. Aber ich kann auch die Liebe einüben, mit der ich mich in der Nachfolge Jesu den Menschen öffne und sie einlade, das Geheimnis der Liebe zu verstehen, mit der uns Jesus am Kreuz bis zur Vollendung geliebt hat.

Eine weitere Übung möchte ich Ihnen vorschlagen:
Legen Sie sich auf Ihr Bett oder auf eine Matte am Boden, mit dem Rücken zur Erde.
Breiten Sie die Arme zur Kreuzgebärde aus. Die Hände sind dabei nach oben geöffnet.
Spüren Sie sich in diese Gebärde hinein. Die offenen Arme öffnen uns für Gott. Aber sie machen uns auch schutzlos.
Wir sind bereit, zu empfangen, und wir sind bereit, uns Gott hinzugeben.
Dann drehen Sie die Hände nach unten. Spüren Sie dem nach, was Sie empfinden. Sie werden sich anders fühlen.

Diese Kreuzgebärde zeigt uns, dass wir selbst das Kreuz sind, angenagelt an uns selbst, an unsere Gegensätzlichkeit. Wenn ich zu dieser Gebärde Ja sage, dann erfahre ich etwas von der Freiheit, die entsteht, wenn ich mich aussöhne mit allem, was in mir ist.

Machen Sie diese beiden Kreuzgebärden auch abwechselnd. Fragen Sie sich dann: Welche Haltung ist mir angenehmer? In welche innere Haltung müsste ich mich noch mehr einüben: in die Hingabe oder in die Annahme?

Ballast begraben: Karsamstag

Bei den Osterkursen, die ich für Jugendlichen gehalten habe, haben die Jugendlichen gerne das Bild des Grabes aufgegriffen und alles ins Grab geworfen, was sie an Ballast begraben wollten, den sie mit sich herumschleppten. Solcher Ballast waren die Verletzungen der Vergangenheit, um die sie immer wieder kreisten und von denen sie nicht loskamen, die Selbstvorwürfe und Selbstbeschuldigungen, mit denen sie sich zerfleischten, und vergangene Konflikte. Manchmal haben sie die Dinge, die sie ins Grab legen wollten, aufgeschrieben und die Zettel dann in einem gemeinsamen Ritual ins Grab geworfen. Ein andermal haben sie es mit Steinen getan. Mit jedem Stein haben sie etwas begraben, das sie belastet hat.

So möchte ich auch Sie zu diesem Ritual einladen. Schreiben Sie alles auf, was Sie begraben möchten, was Sie nicht mehr neu aufrühren möchten. Das können Verletzungen der letzten Jahre sein, um die Ihre Gedanken und Gefühle immer noch kreisen. Das kann ein Konflikt in Ihrer Familie oder in Ihrer Firma sein. Das können Illusionen sein, an denen Sie bisher festgehalten haben, etwa die Illusion, dass Sie perfekt sind, dass Sie so ideal sind, wie Sie es sich gerne wünschen. Das können zerbrochene Beziehungen sein. Schreiben Sie alles auf. Und dann begraben Sie es. Sie können es für sich allein tun oder aber – was intensiver wirkt – mit anderen oder vor Zeugen. Dann lesen Sie nochmals laut vor, was Sie begraben möchten, und legen es in die Grube, die Sie gegraben haben. Dann werfen Sie Erde darüber und säen Blumensamen darauf. Oder pflanzen Sie einen Baum oder einen Strauch, der auf dem Begrabenen aufblühen und Frucht bringen wird.

Osterlicht und Osterwasser

Die Liturgie der Osternacht kennt das eindrucksvolle Ritual, dass die Osterkerze am Osterfeuer im Freien entzündet und dann in die dunkle Kirche getragen wird. Die Gottesdienstbesucher harren in der dunklen Kirche aus, bis dann das Licht der Osterkerze endlich alles in ein helles Licht taucht. Sie wird mit dem Ruf »Lumen Christi – Licht Christi« in die Kirche getragen. Und an ihr entzünden dann erst die Ministranten und dann alle Besucher ihre Kerzen. So wird die dunkle Kirche hell erleuchtet. Die Gläubigen halten beim österlichen Lobgesang, dem Exsultet, ihre Kerze in die Dunkelheit ihres Herzens, damit alles Finstere in ihnen erleuchtet wird. Viele nehmen ihre Osterkerze, die sie vielleicht selbst verziert haben, mit nach Hause und zünden sie in der Osterzeit immer wieder an, um sich daran zu erinnern, dass Christus in der Auferstehung hinabgestiegen ist in das Reich des Todes und dort alle Finsternis mit seinem Licht erleuchtet hat. Wenn wir die Osterkerze zu Hause anzünden, halten wir sie in die immer wieder neu aufbrechende Dunkelheit unserer Seele.

Ein besonderes Ritual verbindet sich mit der Osterkerze: Gestalten Sie Ihre Osterkerze selbst. Überlegen Sie sich, welche Symbole des Lichtes und der Auferstehung Sie ansprechen. Nehmen Sie diese Kerze mit in die Feier der Osternacht und entzünden Sie sie an der Osterkerze in der Kirche. Dann, zu Hause, geben Sie Ihrer Osterkerze einen eigenen Platz in der Wohnung. Zünden Sie während der ganzen Osterzeit beim Frühstück immer die Osterkerze an. Dann wird die Osterzeit für Sie eine eigene Zeit, eine Zeit, in der mehr und mehr alles Dunkle in Ihnen erhellt wird und alles Erstarrte in Ihnen aufgebrochen wird zu neuem Leben.

Ein zweites Osterritual ist weit verbreitet. In der Osternacht wird das Osterwasser geweiht, das zur Taufe verwendet wird. Das Osterwasser erinnert an das Wasser des Roten Meeres, das sich teilte, damit das Volk Israel in die Freiheit ziehen konnte. So wie Israel bei diesem Durchzug durch das Rote Meer aus der Knechtschaft fremder Mächte befreit wurde, so steht das Osterwasser für unseren Weg in die Freiheit. Und es erinnert uns an das Wasser, das uns reinigt von aller Schuld und von allem, was das ursprüngliche Bild Gottes in uns trübt.

Der Abt unseres Klosters lädt in der Osternacht die Gäste herzlich ein, Osterwasser mit nach Hause zu nehmen. Sie können damit ihre Weihwasserbecken füllen. Sie können aber daheim auch das Ritual durchführen, sich mit diesem Osterwasser die Augen zu reinigen, damit sie in der aufblühenden Natur und in den Menschen das Geheimnis der Auferstehung entdecken. Die Augen werden zu »Osteraugen«, die tiefer sehen. Sie erkennen, dass in jedem Grab Leben ist, in jeder Dunkelheit Licht und in jeder Erstarrung schon neues Leben aufbricht.

Das Lied des Lebens hören

Suchen Sie sich eine österliche Musik aus: entweder das Oster-Oratorium von Johann Sebastian Bach, das »Halleluja« von Händel oder die Arie aus dem Messias: »Ich weiß, dass mein Erlöser lebet«, das »Exsultate, jubilate« von Mozart oder einfach die Musik, die Sie selbst am meisten lieben. Schließen Sie die Augen und lassen Sie diese Musik auf sich einwirken. Stellen Sie sich vor, dass sie all das Erstorbene und Erstarrte in Ihnen zum Leben weckt, dass sie Sie mit der Fröhlichkeit, Lebendigkeit, Heiterkeit, Zuversicht erfüllt, die in ihr ausgedrückt ist. Und dann hören Sie im Hören der Musik, die von außen in Sie eindringt, auf das, was sich im Innern in Ihnen regt.

Die Musik bringt Sie in Berührung mit dem Leben, der Liebe, der Freude, die schon in Ihnen ist, die oft genug nur verschüttet ist unter der Sorgendecke des Alltags. Und spüren Sie in die Musik hinein mit dem Bild des Orpheus-Christus, der als der göttliche Sänger dieses Lied in mir singt, um tief in meine Seele das Vertrauen einzuprägen: Die Liebe ist stärker als der Tod. In mir ist etwas, das dem Tod trotzt.

Die Musik, die ich jetzt höre, wird im ewigen Leben auf neue Weise in mir erklingen. Sie wird so erklingen, wie sie eigentlich gemeint ist, und wie sie jetzt nur erahnt, aber nie ganz erfasst werden kann.

Den Alltag verwandeln

Eine Übung, die man während der 50 Tage der Osterzeit immer wieder einmal machen kann, vor allem am Morgen, bevor ich in den Tag und die Arbeit hineingehe, schließt an eine nachösterliche Episode des Johannesevangeliums an. In der Nacht der Vergeblichkeit forderte Jesus die Jünger nochmals auf, auf den See zu fahren und das Netz auf der rechten Seite auszuwerfen. Auf einmal füllten sich ihre Netze, so dass sie es kaum einholen konnte, „so voller Fische war es". (Joh 21,6) Angesichts dieses Wunders sagte Johannes zu Petrus: „Es ist der Herr!" (Joh 21,7) Daraus habe ich für mich ein gutes Ritual in der Osterzeit gemacht, zu dem ich Dich auch einladen möchte: Ich spreche mitten im Alltag immer wieder in die verschiedenen Situationen hinein: „Es ist der Herr." Wenn ich ein Gespräch mit einem andern führe, sage ich mir: „Es ist der Herr." Wenn ich zu einer Sitzung gehe, dann mit dem Gedanken: „Es ist der Herr." Oder wenn ich am Schreibtisch sitze und etwas schreibe, stelle ich mir vor: Es ist der Herr. Dann verwandelt sich mein Alltag. Der graue Morgen der Vergeblichkeit, den die Jünger erlebt haben, wird dann auch für mich verwandelt in eine intime Nähe zum Auferstandenen. Ich spüre ihn. Er verwandelt den grauen Tagesanfang in einen hellen Morgen, die Frustration über Misslungenes in Dankbarkeit und Frieden. Er wandelt die Angst in Vertrauen, die Traurigkeit in Freude.

Christi Himmelfahrt: Der Himmel ist in dir

Angelus Silesius hat für das Fest Christi Himmelfahrt den schönen Vers gedichtet: »Halt an, wo läufst du hin? Der Himmel ist in dir. Suchst du ihn anderswo, du fehlst ihn für und für.« Als Jesus vor den Augen der Jünger in den Himmel emporgehoben wurde, schauten die Jünger ihm nach. Doch die beiden Engel sprachen sie an: »Ihr Männer von Galiläa, was steht ihr da und schaut zum Himmel empor? Dieser Jesus, der von euch ging und in den Himmel aufgenommen wurde, wird ebenso wiederkommen, wie ihr ihn habt zum Himmel hingehen sehen.« (Apg 1,11) Wir sollen also nicht nach oben schauen, sondern in uns hinein. Dort wohnt Jesus in uns. Und dort, wo Jesus in uns ist, dort ist der Himmel.

Der Himmel ist der Bereich Gottes. Überall dort, wo Gott ist, ist der Himmel. In seinem Aufstieg zum Himmel hat Jesus den Himmel über uns geöffnet. Himmel, das ist Weite, Freiheit, Schönheit. Christi Himmelfahrt will uns sagen, dass wir in der Weite Gottes leben, dass der Himmel uns umgibt. Wir sind nicht nur Menschen dieser Erde, sondern Menschen des Himmels. Das gibt unserem Leben eine göttliche Würde. Keiner kann uns einsperren in die Enge dieses Lebens. Es ist eine Weite in uns, die uns niemand nehmen kann. Wir dürfen nicht zu klein von uns denken. Wir atmen die Weite des Himmels. In unserer Seele ist etwas vom Glanz des Himmels. Dort geht der Himmel über uns auf. Wir tragen den Himmel in uns. In uns haben wir alles, was wir brauchen. Mit dem Himmel verbinden wir alle unsere Sehnsüchte nach Erfüllung. Wo in Christus der Himmel in uns ist, dort sind unsere tiefsten Sehnsüchte nach Liebe und Heimat erfüllt.

Für viele hat das Fest Christi Himmelfahrt seinen tieferen Inhalt verloren. Es ist zum Vatertag geworden, der aber mit dem Fest gar nichts zu tun hat.

Statt des Betrinkens am Vatertag gönnen Sie sich lieber ein Himmelfahrtsritual:

Gehen Sie in Ihren Garten oder auf eine Frühlingswiese und schauen Sie auf zum Himmel. Spüren Sie die Weite des Himmels. Und fragen Sie sich, was der Himmel in Ihnen für Sehnsüchte auslöst oder welche Bilder Ihnen einfallen, wenn Sie zum Himmel aufschauen. Dann stellen Sie sich vor, dass der Himmel in Ihnen ist.

Sie können mit Ihren Händen die Mitte der Brust berühren. Dort in Ihrer Mitte ist der Himmel in Ihnen.

Dort können Sie erahnen, was Paulus sagt: »Unsere Heimat aber ist im Himmel.« (Phil 3,20) Gehen Sie mit diesem Bild spazieren: In Ihnen ist der Himmel. In Ihnen ist die Weite Gottes. Dort, wo der Himmel in Ihnen ist, sind Sie daheim. Gehen Sie mit diesem Bild durch die Natur. Und stellen Sie sich zugleich vor, dass Sie mit dem Himmel in Ihnen durch die Enge des Alltags gehen, durch die Konflikte, die Sie morgen erwarten, durch den Druck, der von der Firma her auf Ihnen lastet, durch die Sorgen um Ihre Kinder. Dann werden Sie das Enge und Bedrückende Ihres Alltags anders erleben. Auch dort, wo alles eng ist, geht der Himmel über Ihnen auf, tragen Sie den Himmel in sich.

Der Geist weht, wo er will: Pfingsten

An Pfingsten feiern wir das Kommen des Heiligen Geistes, der wie ein Sturm daher kam und die ängstlichen Jünger aus ihrem Obergemach hinaustrieb in die Stadt, damit sie den Menschen die Auferstehung Jesu und die Ausgießung des Geistes verkündeten. Pfingsten brachte die Menschen in Bewegung. Es sind drei Bilder, die uns die Bibel für Pfingsten bietet: Bei Lukas ist es der Sturm, der die Jünger begeistert und ermutigt. Und es ist die Glut, die uns, wenn wir ausgebrannt sind, wieder mit dem Feuer des Heiligen Geistes erfüllt, die uns wärmt und unsere Sprache verwandelt, so dass ein Funke überspringt, sobald wir zu sprechen beginnen. Johannes liebt vor allem das Bild der Quelle, um das Wesen des Heiligen Geistes zu beschreiben. Die Quelle des Heiligen Geistes sprudelt in uns. Wenn wir aus dieser Quelle schöpfen, werden wir nicht so leicht erschöpft.

Ein Pfingstritual: Stellen Sie sich in den Wind. Stellen Sie sich vor, dass im Wind Gottes Geist Sie durchweht oder Sie zärtlich streichelt. Der Heilige Geist will auch heute erfahrbar werden. Sie erfahren ihn, wenn Sie sich vorstellen, dass der Geist des Herrn die ganze Welt durchdringt. So kann er im Wind alles aus uns heraustreiben, was verstaubt und verbraucht ist, und uns mit frischem Geist erfüllen. Und der Heilige Geist ist die zärtliche Liebe Gottes, die Sie sanft streichelt, so wie der Wind Sie zärtlich berührt.

Ein anderes Pfingstritual: Setzen Sie sich zur Meditation mit dem Bild, dass in Ihnen die Glut des Heiligen Geistes ist. Selbst wenn Sie ausgebrannt – das Wort »burn out« beschreibt dieses Leiden – sind, ist unter der Asche noch die Glut des Heiligen Geistes. Lassen Sie die Glut in Ihr Herz strömen, damit sie diese Glut mit Liebe und Wärme erfüllt. Lassen Sie die Glut in Ihre Sprache dringen, damit es – wie bei den ersten Jüngern – eine glühende Sprache wird, eine Sprache, bei der der Funke des göttlichen Feuers überspringt, eine wärmende Sprache, die die Herzen der Menschen berührt.

Und ein drittes Pfingstritual: Beobachten Sie eine Quelle in der Natur und stellen Sie sich vor, dass in Ihnen die Quelle des Heiligen Geistes strömt. Sie erfrischt Sie, heilt Sie, stärkt Sie, befruchtet Sie und reinigt Sie. In der Meditation kann ich mir vorstellen, dass auf dem Grund meiner Seele diese Quelle strömt. Sie ist immer in mir. Nur bin ich oft genug davon abgeschnitten, weil sich eine Schicht von Sorgen und Ängsten darübergelegt hat. An Pfingsten möchte ich in der Meditation wieder in Berührung kommen mit dieser inneren Quelle und mich von ihr erfrischen und stärken lassen.

Danken: Erntedankfest

Grund zum Danken haben wir das ganze Jahr und das ganze Leben lang. Am Erntedankfest danken wir in besonderer Weise für die Gaben der Schöpfung, die wir in der Ernte eingebracht haben. In vielen Kirchen werden die Früchte der Erde kunstvoll aufgebaut, um die Kirchenbesucher einzuladen, dankbar vor den Gaben der Schöpfung innezuhalten. Es geht aber nicht nur um die Ernte, die die Landwirte und Winzer einfahren. Dieses Fest ist auch Anlass, für all das zu danken, was wir als persönliche Ernte in diesem Jahr erlebt haben.

So lade ich Sie zu folgendem Ritual ein:

Setzen Sie sich hin und halten Sie ganz bewusst inne. Versuchen Sie, für alles zu danken, was Ihnen gerade einfällt. Danken Sie, dass Sie leben, dass Sie so sind, wie Sie sind. Danken Sie für alles, was Gott Ihnen geschenkt hat, an Gaben und Fähigkeiten, an Begegnungen mit Menschen, an Erfahrungen und Erlebnissen. Danken Sie für die Menschen, die Gott Ihnen zur Seite gestellt hat, für Ihre Eltern und Geschwister, für die Lehrer und Priester, die Sie geprägt haben.

Und danken Sie jetzt für diesen Augenblick.

Wenn Sie versuchen, bewusst für alles zu danken, was Ihnen in den Sinn kommt, werden Sie merken, dass sich Ihre Stimmung verwandelt.

Sie werden innerlich ruhig werden. Sie werden von einem tiefen Gefühl von Frieden erfüllt sein. Aber Sie werden auch merken, dass Ihr Denken sich wandelt. Danken kommt ja von denken. Wer richtig denkt, der muss auch danken.

Aber umgekehrt gilt auch: Wenn wir bewusst Gott für alles danken, was er uns täglich schenkt, dann beginnen wir, richtig zu denken, dann klärt sich unser Denken.

Wir sehen uns und unser Leben richtig. Wir öffnen unsere Augen für die Wahrheit unseres Lebens.

Und achten Sie an diesem Tag einmal ganz bewusst auf Ihre Sprache: Wo drücken Sie Dankbarkeit aus?

Und achten Sie auch auf die Menschen in Ihrer Umgebung: Wen würden Sie als dankbare Menschen ansehen? Wie erfahren Sie das?

Wen empfinden Sie als undankbar? Und warum?

Sie werden empfinden, dass Sie lieber mit dankbaren Menschen zusammen sind als mit undankbaren.

Und Sie werden spüren, dass undankbare Menschen – mag ihr Intellekt noch so gut sein –, nicht richtig denken, weil sie die Dinge nicht so sehen, wie sie sind.

So üben Sie an diesem Tag die Dankbarkeit und das richtige Denken ein.

Ein weiteres Ritual, um das Geheimnis der Erde zu bedenken: Schmücken Sie Ihre Gebetsecke, Ihren Meditationsplatz oder Ihren Esstisch mit Bildern der Ernte. Es ist Ihrer Phantasie überlassen, welche Bilder Sie aufstellen: die Früchte der Erde, aber auch Bilder für das, was Ihnen in diesem Jahr gelungen ist, was in diesem Jahr in Ihnen und Ihrer Familie gewachsen ist. So feiern Sie auch daheim Erntedankfest. Ihr Schmuck erinnert Sie und alle, die zu Ihnen kommen, an das Geheimnis der Ernte.

Und noch ein anderes Ritual am Fest Erntedank: Überlegen Sie, welchem Menschen Sie einen Brief schreiben möchten, um ihm für das zu danken, was Sie durch ihn empfangen haben. Sie müssen den Brief nicht unbedingt abschicken. Allein das Schreiben tut Ihnen schon gut. Aber natürlich wäre es schön, wenn Sie diesen Brief auch dem zusenden, dem Sie dankbar sind. Das wird ihn sicherlich freuen und Ihre Beziehung zu ihm vertiefen.

Erinnerung an die Toten: Allerseelen

Das Gedenken an die Toten und die Erinnerung an sie gehört zum Leben. Am 1. November feiert die katholische Kirche das Fest Allerheiligen und am 2. November Allerseelen. Beide Feste gehören zusammen. Das Fest Allerheiligen lenkt unseren Blick zum Himmel. Wenn wir Gottesdienst feiern, tun wir das in Gemeinschaft mit allen Heiligen. Es ist ein hoffnungsvolles Fest. Es zeigt uns, dass auch unser Leben geheilt und geheiligt werden wird, wenn wir uns wie die Heiligen in unserer Brüchigkeit der heilenden Liebe Gottes aussetzen. Das Fest Allerseelen lädt uns ein, unserer Verstorbenen zu gedenken und die Gemeinschaft mit ihnen wahrzunehmen.

So möchte ich Sie einladen zu einem Ritual:

Stellen Sie am Fest Allerseelen in Ihrer Wohnung Kerzen auf für die Verstorbenen, an die Sie in diesem Jahr besonders denken wollen.

Zünden Sie die Kerzen an und stellen Sie sich vor, dass die Verstorbenen Ihr Haus mit ihrer Liebe erfüllen und Licht bringen in Ihre Dunkelheit und Wärme in Ihre Verlassenheit.

Dann werden Sie Ihr Haus anders erleben. Sie werden sich auf neue Weise darin zu Hause, daheim fühlen. Sie haben teil an all den Erfahrungen, die die Verstorbenen gemacht und die sie in Gott hinein gerettet haben.

Fragen Sie sich, was die Verstorbenen Ihnen heute sagen möchten. Was von dem, was Ihre verstorbenen Eltern ausgezeichnet hat, brauchen Sie jetzt für Ihren Weg?

Welche Worte fallen Ihnen ein, mit denen die Eltern auf Schwierigkeiten reagiert haben?

Was waren typische Redewendungen, die ihnen geholfen haben, ihr Leben zu bewältigen?

Wenn Sie möchten, können Sie auch in der Kirche vor dem Marienaltar Kerzen für Ihre Verstorbenen entzünden. Schauen Sie auf die Marienstatue. So wie Maria ihr Kind liebevoll in den Armen hält, so ruht der Verstorbene, für den Sie beten und an den Sie sich erinnern, jetzt in Gottes mütterlichen Händen.

Gehen Sie auf den Friedhof, um die Gräber zu besuchen, in denen liebe Verstorbene ruhen. Bedenken Sie am Grab, was die Botschaft ist, die dieser Mensch durch sein Leben und sein Sterben an Sie richtet. Bedenken Sie an seinem Grab das Wesen dieses Menschen. Was ist sein einmaliges Bild, das er in seinem Leben zu verkörpern suchte?

Und denken Sie an Ihren eigenen Tod und stellen Sie sich der Frage: Welche Spur möchte ich hinterlassen in dieser Welt? Wie möchte ich heute leben, wenn es mein letzter Tag wäre?

So wird das Denken an die Toten Sie auf neue Gedanken bringen, auf die wesentlichen Gedanken, die Sie tragen.

Schluss

Wenn ich all die Rituale nochmals anschaue, die ich in diesem Buch beschrieben habe, dann ist es mir ein Anliegen zu danken für die Erfahrungen mit Ritualen, die mir meine Eltern ermöglicht haben, für die vielen Rituale, die wir in der Klostergemeinschaft praktizieren, und für die vielen Anregungen, die mir Mitbrüder und Teilnehmer und Teilnehmerinnen an meinen Kursen gegeben haben. Ich bin auch dankbar für die Erfahrungen aus den 68er-Jahren, der Zeit des Aufbruchs und Umbruchs in Gesellschaft und Kirche, die auch für mich wichtig waren. Damals haben wir jungen Mönche gegen die Rituale rebelliert, die uns die alten Mitbrüder vorgeschrieben haben, ohne sie uns zu erklären. Nach dem Widerstand gegen die Rituale entdeckten wir ihre heilsame Wirkung neu. Und wir haben dann auf unseren gemeinsamen Kursen viele neue Rituale ausprobiert. Dieses Buch zeugt auch von all diesen Kurserfahrungen.

So wünsche ich allen Lesern und Leserinnen, dass auch Sie für sich einen Weg finden, alte leer gewordene Rituale zu lassen und für sich Rituale zu entdecken, die Ihrem Leben den Geschmack von Vertrauen, Freude, Freiheit und Liebe vermitteln.

Zum Nachhören:

QR-Codes zu den von Anselm Grün persönlich gesprochenen Ritualen.

S. 25
Den Tag segnen

S. 27
Den Himmel öffnen

S. 42
Die Tür schließen

S. 50
Neues Leben bricht auf

S. 58
Geh dich frei

S. 72 Aus der Unruhe zum Einklang

S. 75 Alles, was du brauchst

S. 80 Nichts wirft mich um

S. 84 Du bist schön – ganz eins mit dir

S. 87 Umarme alles in dir

S. 93 Suche das fröhliche Kind in dir

S. 95 Getragen und geborgen

S. 98 Gönn dir Stille, immer wieder

S. 100 Bei mir daheim

S. 109
Du bist nicht allein

S. 112
Die Liebe spüren

S. 117 Meine
Eltern und ich

S. 122
Ärgere dich nicht

S. 123 In meiner
Mitte bleiben

S. 125 Übung der
Verbundenheit

S. 138 Teilhaben
und mitfühlen

S. 147
Bewusst langsam

S. 148 Es liegt in meiner Hand

S. 149 Inneren Antreibern widerstehen

S. 151 In die Mitte kommen

S. 155 Ganz im Tun, ganz bei mir

S. 158 Der Alltag als Übung

S. 161 Zeit als Geschenk erfahren

S. 183 Erinnerung stiftet Gemeinschaft

S. 185 Abschiedlich leben

S. 193
Brotbrechen

S. 199
Mein Ring

S. 223
Ein Licht-Ritual